Garcilaso de la Vega

Poemas

Barcelona **2024**
Linkgua-ediciones.com

Créditos

Título original: Poemas.

© 2024, Red ediciones S.L.

e-mail: info@linkgua.com

Diseño de cubierta: Michel Mallard.

ISBN rústica: 978-84-9816-475-6.
ISBN ebook: 978-84-9897-800-1.

Cualquier forma de reproducción, distribución, comunicación pública o transformación de esta obra solo puede ser realizada con la autorización de sus titulares, salvo excepción prevista por la ley. Diríjase a CEDRO (Centro Español de Derechos Reprográficos, www.cedro.org) si necesita fotocopiar, escanear o hacer copias digitales de algún fragmento de esta obra.

Sumario

Créditos _____ 4

Brevísima presentación _____ 9
    La vida _____ 9

Sonetos _____ 11
    Soneto I _____ 13
    Soneto II _____ 14
    Soneto III _____ 15
    Soneto IV _____ 16
    Soneto V _____ 17
    Soneto VI _____ 18
    Soneto VII _____ 19
    Soneto VIII _____ 20
    Soneto IX _____ 21
    Soneto X _____ 22
    Soneto XI _____ 23
    Soneto XII _____ 24
    Soneto XIII _____ 25
    Soneto XIV _____ 26
    Soneto XV _____ 27
    Soneto XVI _____ 28
    Soneto XVII _____ 29
    Soneto XVIII _____ 30
    Soneto XIX _____ 31
    Soneto XX _____ 32
    Soneto XXI _____ 33
    Soneto XXII _____ 34
    Soneto XXIII _____ 35
    Soneto XXIV _____ 36
    Soneto XXV _____ 37

Soneto XXVI — 38
Soneto XXVII — 39
Soneto XXVIII — 40
Soneto XXIX — 41
Soneto XXX — 42
Soneto XXXI — 43
Soneto XXXII — 44
Soneto XXXIII — 45
Soneto XXXIV — 46
Soneto XXXV — 47
Soneto XXXVI — 48
Soneto XXXVII — 49
Soneto XXXVIII — 50

Canciones — **51**
Canción I — 53
Canción II — 55
Canción III — 59
Canción IV — 63
Canción V — 69

Coplas — **73**
Copla I — 75
Copla II — 76
Copla III — 77
Copla IV — 78
Copla V — 79
Copla VI — 80
Copla VII — 81
Copla VIII — 82

Elegías — **83**
Elegía I — 85
Elegía II — 95

Epístola a Boscán _____ **101**

Églogas _____ **105**
  Égloga I _____ 107
  Égloga II _____ 121
  Égloga III _____ 181

Libros a la carta _____ **195**

Brevísima presentación

La vida

Garcilaso de la Vega (Toledo, 1501-Niza, 1536). España.
Miembro de la nobleza, intervino desde joven en la política de Castilla y en 1519 entró en el ejército de Carlos V. Combatió contra los comuneros en la batalla de Olías (1521) y participó, junto con su amigo Juan Boscán, en una fracasada expedición contra los turcos a Rodas (1522). Tras enfrentarse en Navarra a los franceses, fue nombrado caballero de Santiago y se casó con Elena de Zúñiga. Poco después conoció a Isabel Freyre (portuguesa), su gran amor imposible, quien inspiró la mayor parte de sus poemas, y cuyo matrimonio con otro hombre lo deprimió.

Viajó a Italia por primera vez en 1529, recorrió varios países europeos y fue desterrado a una isla del Danubio por asistir a la boda secreta de su sobrino, no autorizada por el rey. Fue perdonado gracias al duque de Alba, entonces vivió en Nápoles y participó en la expedición imperial contra los turcos de Túnez.

Sonetos

Soneto I

Cuando me paro a contemplar mi estado
y a ver los pasos por dó me ha traído,
hallo, según por do anduve perdido,
que a mayor mal pudiera haber llegado;

mas cuando del camino estoy olvidado,
a tanto mal no sé por dó he venido:
sé que me acabo, y mas he yo sentido
ver acabar conmigo mi cuidado

Yo acabaré, que me entregué sin arte
a quien sabrá perderme y acabarme,
si quisiere, y aun sabrá querello:

que pues mi voluntad puede matarme,
la suya, que no es tanto de mi parte,
pudiendo, ¿qué hará sino hacello?

Soneto II

En fin, a vuestras manos he venido,
do sé que he de morir tan apretado,
que aun aliviar con quejas mi cuidado,
como remedio, me es ya defendido;

mi vida no sé en qué se ha sostenido,
si no es en haber sido yo guardado
para que solo en mí fuese probado
cuanto corta una espada en un rendido

Mis lágrimas han sido derramadas
donde la sequedad y la aspereza
dieron mal fruto dellas y mi suerte:

¡basten las que por vos tengo lloradas;
no os venguéis más de mí con mi flaqueza;
allá os vengad, señora, con mi muerte!

Soneto III

La mar en medio y tierras he dejado
de cuanto bien, cuitado, yo tenía;
y yéndome alejando cada día,
gentes, costumbres, lenguas he pasado

Ya de volver estoy desconfiado;
pienso remedios en mi fantasía;
y el que más cierto espero es aquel día
que acabará la vida y el cuidado

De cualquier mal pudiera socorrerme
con veros yo, señora, o esperallo,
si esperallo pudiera sin perdello;

mas no de veros ya para valerme,
si no es morir, ningún remedio hallo,
y si éste lo es, tampoco podré habello

Soneto IV

Un rato se levanta mi esperanza:
mas, cansada de haberse levantado,
torna a caer, que deja, mal mi grado,
libre el lugar a la desconfianza

¿Quién sufrirá tan áspera mudanza
del bien al mal? ¡Oh corazón cansado!
Esfuerza en la miseria de tu estado;
que tras fortuna suele haber bonanza

Yo mesmo emprenderé a fuerza de brazos
romper un monte, que otro no rompiera,
de mil inconvenientes muy espeso
Muerte, prisión no pueden, ni embarazos,

quitarme de ir a veros, como quiera,
desnudo espirtu o hombre en carne y hueso

Soneto V

Escrito está en mi alma vuestro gesto,
y cuanto yo escribir de vos deseo;
vos sola lo escribisteis, yo lo leo
tan solo, que aun de vos me guardo en esto

En esto estoy y estaré siempre puesto;
que aunque no cabe en mí cuanto en vos veo,
de tanto bien lo que no entiendo creo,
tomando ya la fe por presupuesto

Yo no nací sino para quereros;
mi alma os ha cortado a su medida;
por hábito del alma mismo os quiero

Cuando tengo confieso yo deberos;
por vos nací, por vos tengo la vida,
por vos he de morir, y por vos muero

Soneto VI

Por ásperos caminos he llegado
a parte que de miedo no me muevo;
y si a mudarme a dar un paso pruebo,
y allí por los cabellos soy tornado

Mas tal estoy, que con la muerte al lado
busco de mi vivir consejo nuevo;
y conozco el mejor y el peor apruebo,
o por costumbre mala o por mi hado

Por otra parte, el breve tiempo mío,
y el errado proceso de mis años,
en su primer principio y en su medio,

mi inclinación, con quien ya no porfío,
la cierta muerte, fin de tantos daños,
me hacen descuidar de mi remedio

Soneto VII

No pierda más quien ha tanto perdido,
bástate, amor, lo que ha por mí pasado;
válgame agora jamás haber probado
a defenderme de lo que has querido.

Tu templo y sus paredes he vestido
de mis mojadas ropas y adornado,
como acontece a quien ha ya escapado
libre de la tormenta en que se vido.

Yo había jurado nunca más meterme,
a poder mío y mi consentimiento,
en otro tal peligro, como vano.

Mas del que viene no podré valerme;
y en esto no voy contra el juramento;
que ni es como los otros ni en mi mano

Soneto VIII

De aquella vista buena y excelente
salen espirtus vivos y encendidos,
y siendo por mis ojos recibidos,
me pasan hasta donde el mal se siente

Entránse en el camino fácilmente,
con los míos, de tal calor movidos,
salen fuera de mí como perdidos,
llamados de aquel bien que está presente

Ausente, en la memoria la imagino;
mis espirtus, pensando que la vían,
se mueven y se encienden sin medida;

mas no hallando fácil el camino,
que los suyos entrando derretían,
revientan por salir do no hay salida

Soneto IX

Señora mía, si yo de vos ausente
en esta vida turo y no me muero,
paréceme que ofendo a lo que os quiero,
y al bien de que gozaba en ser presente;

tras éste luego siento otro accidente,
que es ver que si de vida desespero,
yo pierdo cuanto bien bien de vos espero;
y ansí ando en lo que siento diferente

En esta diferencia mis sentidos
están, en vuestra ausencia y en porfía,
no sé ya que hacerme en tal tamaño

Nunca entre sí los veo sino reñidos;
de tal arte pelean noche y día,
que solo se conciertan en mi daño

Soneto X

¡Oh dulces prendas, por mí mal halladas,
dulces y alegres cuando Dios quería,
Juntas estáis en la memoria mía,
y con ella en mi muerte conjuradas!

¿Quién me dijera, cuando las pasadas
horas que en tanto bien por vos me vía,
que me habíais de ser en algún día
con tan grave dolor representadas?

Pues en una hora junto me llevastes
todo el bien que por términos me distes,
lleváme junto el mal que me dejastes;

si no, sospecharé que me pusistes
en tantos bienes, porque deseastes
verme morir entre memorias tristes

Soneto XI

Hermosas ninfas, que, en el río metidas,
contentas habitáis en las moradas
de relucientes piedras fabricadas
y en columnas de vidrio sostenidas;

agora estéis labrando embebecidas
o tejiendo las telas delicadas,
agora unas con otras apartadas
contándoos los amores y las vidas:

dejad un rato la labor, alzando
vuestras rubias cabezas a mirarme,
y no os detendréis mucho según ando,

que o no podréis de lástima escucharme,
o convertido en agua aquí llorando,
podréis allá despacio consolarme

Soneto XII

Si para refrenar este deseo
loco, imposible, vano, temeroso,
y guarecer de un mal tan peligroso,
que es darme a entender yo lo que no creo

No me aprovecha verme cual me veo,
o muy aventurado o muy medroso,
en tanta confusión que nunca oso
fiar el mal de mí que lo poseo,

¿qué me ha de aprovechar ver la pintura
de aquél que con las alas derretidas
cayendo, fama y nombre al mar ha dado,

y la del que su fuego y su locura
llora entre aquellas plantas conocidas
apenas en el agua resfrïado?

Soneto XIII

A Dafne ya los brazos le crecían,
y en luengos ramos vueltos se mostraba;
en verdes hojas vi que se tornaban
los cabellos que el oro escurecían

De áspera corteza se cubrían
los tiernos miembros, que aún bullendo estaban:
los blancos pies en tierra se hincaban,
y en torcidas raíces se volvían

Aquel que fue la causa de tal daño,
a fuerza de llorar, crecer hacía
este árbol que con lágrimas regaba

¡Oh miserable estado! ioh mal tamaño!
iQue con llorarla crezca cada día
la causa y la razón porque lloraba!

Soneto XIV

Como la tierna madre, que el doliente
hijo le está con lágrimas pidiendo
alguna cosa, de la cual comiendo,
sabe que ha de doblarse el mal que siente

Y aquel piadoso amor no le consiente
que considere el daño que, haciendo
lo que le pide hace, va corriendo
y aplaca el llanto y dobla el accidente,

así a mi enfermo y loco pensamiento,
que en su daño os me pide, yo querría
quitarle este mortal mantenimiento

Mas pídemele y llora cada día
tanto que cuanto quiere le consiento,
olvidando su muerte, y aun la mía

Soneto XV

Si quejas y lamentos pueden tanto,
que enfrenaron el curso de los ríos,
y en los diversos montes y sombríos
los árboles movieron con su canto;

si convertieron a escuchar su llanto
los fieros tigres, y peñascos fríos;
si, en fin, con menos casos que los míos
bajaron a los reinos del espanto,

¿por qué no ablandará mi trabajosa
vida, en miseria y lágrimas pasada,
un corazón conmigo endurecido?

Con más piedad debría ser escuchada
la voz del que se llora por perdido
que la del que perdió y llora otra cosa

Soneto XVI

No las francesas armas odïosas,
en contra puestas del airado pecho,
ni en los guardados muros con pertecho
los tiros y saetas ponzoñosas;

no las escaramuzas peligrosas,
ni aquel fiero rüido contrahecho
de aquel que para Júpiter fue hecho,
por manos de Vulcano artificiosas,

pudieron, aunque más yo me ofrecía
a los peligros de la dura guerra,
quitar una hora sola de mi hado

Mas inficíon del aire en solo un día
me quitó el mundo, y me ha en ti sepultado,
Parténope, tan lejos de mi tierra

Soneto XVII

Pensando que el camino iba derecho,
vine a parar en tanta desventura,
que imaginar no puedo, aún con locura,
algo de que esté un rato satisfecho

El ancho campo me parece estrecho,
la noche clara para mí es escura;
la dulce compañía, amarga y dura,
y duro campo de batalla el lecho

Del sueño, si hay alguno, aquella parte
sola, que es imagen de la muerte,
se aviene con el alma fatigada

En fin que como quiera estoy de arte,
que juzgo ya por hora menos fuerte,
aunque en ella me vi, la que es pasada

Soneto XVIII

Si a vuestra voluntad yo soy de cera,
y por Sol tengo solo vuestra vista,
la cual a quien no inflama o no conquista
con su mirar, es de sentido fuera;

¿de do viene una cosa, que, si fuera
menos veces de mí probada y vista,
según parece que a razón resista,
a mi sentido mismo no creyera?

Y es que yo soy de lejos inflamado
de vuestra ardiente vista y encendido
tanto, que en vida me sostengo apenas;

mas si de cerca soy acometido
de vuestros ojos, luego siento helado
cuajárseme la sangre por las venas

Soneto XIX

Julio, después que me partí llorando
de quien jamás mi pensamiento parte,
y dejé de mi alma aquella parte
que al cuerpo vida y fuerza estaba dando,

de mi bien a mí mismo voy tomando
estrecha cuenta, y siento de tal arte
faltarme todo el bien, que temo en parte
que ha de faltarme el aire sospirando;

y con este temor mi lengua prueba
a razonar con vos, oh dulce amigo,
del amarga memoria de aquel día

en que yo comencé como testigo
a poder dar, del alma vuestra, nueva
y a saberla de vos del alma mía

Soneto XX

Con tal fuerza y vigor son concertados
para mi perdición los duros vientos,
que cortaron mis tiernos pensamientos
luego que sobre mí fueron mostrados

El mal es que me quedan los cuidados
en salvo destos acontecimientos,
que son duros, y tienen fundamentos
en todos mis sentidos bien echados

Aunque por otra parte no me duelo,
ya que el bien me dejó con su partida,
del grave mal que en mí está de contino;

antes con él me abrazo y me consuelo;
porque en proceso de tan dura vida
ataje la largueza del camino

Soneto XXI

Clarísimo marqués, en quién derrama
el cielo cuanto bien conoce el mundo;
si el gran valor en que el sujeto fundo,
y al claro resplandor de nuestra llama

arribare mi pluma, y do la llama
la voz de vuestro nombre alto y profundo,
seréis vos solo eterno y sin segundo,
y por vos inmortal quien tanto os ama

Cuanto del largo cielo se desea,
cuanto sobre la tierra se procura,
todo se halla en vos de parte a parte;

y, en fin, de solo vos formó natura
una extraña y no vista al mundo idea
y hizo igual al pensamiento el arte

Soneto XXII

Con ansia extrema de mirar qué tiene
vuestro pecho escondido allá en su centro,
y ver si a lo de fuera lo de dentro
en apariencia y ser igual conviene,

en él puse la vista: mas detiene
de vuestra hermosura el duro encuentro
mis ojos, y no pasan tan adentro
que miren lo que el alma en sí contiene

Y así se quedan tristes en la puerta
hecha, por mi dolor, con esa mano
que aun a su mismo pecho no perdona;

donde vi claro mi esperanza muerta
y el golpe, que os hizo amor en vano
non esservi passato oltra la gona

Soneto XXIII

En tanto que de rosa y de azucena
se muestra la color en vuestro gesto,
y que vuestro mirar ardiente, honesto,
con clara luz la tempestad serena;

y en tanto que el cabello, que en la vena
del oro se escogió, con vuelo presto
por el hermoso cuello blanco, enhiesto,
el viento mueve, esparce y desordena:

coged de vuestra alegre primavera
el dulce fruto antes que el tiempo airado
cubra de nieve la hermosa cumbre

Marchitará la rosa el viento helado,
todo lo mudará la edad ligera
por no hacer mudanza en su costumbre

Soneto XXIV

Ilustre honor del nombre de Cardona,
décima moradora del Parnaso,
a Tansillo, a Minturno, al culto Taso
sujeto noble de inmortal corona;

si en medio del camino no abandona
la fuerza y el espirtu a vuestro Laso,
por vos me llevará mi osado paso
a la cumbre difícil de Helicona

Podré llevar entonces, sin trabajo,
con dulce son que el curso al agua enfrena,
por un camino hasta agora enjuto,

el patrio celebrado y rico Tajo,
que del valor de su luciente arena
a vuestro nombre pague el gran tributo

Soneto XXV

¡Oh hado ejecutivo en mis dolores,
cómo sentí tus leyes rigurosas!
Cortaste el árbol con manos dañosas,
y esparciste por tierra fruta y flores

En poco espacio yacen los amores,
y toda la esperanza de mis cosas
tornados en cenizas desdeñosas,
y sordas a mis quejas y clamores

Las lágrimas que en esta sepultura
se vierten hoy en día y se vertieron,
recibe, aunque sin fruto allá te sean,

hasta que aquella eterna noche oscura
me cierre aquestos ojos que te vieron,
dejándome con otros que te vean

Soneto XXVI

Echado está por tierra el fundamento
que mi vivir cansado sostenía
¡Oh cuánto bien se acaba en solo un día!
¡Oh cuántas esperanzas lleva el viento!

¡Oh cuán ocioso está mi pensamiento
cuando se ocupa en bien de cosa mía!
A mi esperanza, así como a baldía,
mil veces la castiga mi tormento

Las más veces me entrego, otras resisto
con tal furor, con una fuerza nueva,
que un monte puesto encima rompería

Aquéste es el deseo que me lleva,
a que desee tornar a ver un día
a quien fuera mejor nunca haber visto

Soneto XXVII

Amor, amor, un hábito vestí
el cual de vuestro paño fue cortado;
al vestir ancho fue, más apretado
y estrecho cuando estuvo sobre mí

Después acá de lo que consentí,
tal arrepentimiento me ha tomado,
que pruebo alguna vez, de congojado,
a romper esto en que yo me metí

Mas ¿quién podrá de este hábito librarse,
teniendo tan contraria su natura,
que con él ha venido a conformarse?

Si alguna parte queda por ventura
de mi razón, por mí no osa mostrarse;
que en tal contradicción no está segura

Soneto XXVIII

Boscán, vengado estáis, con mengua mía,
de mi rigor pasado y mi aspereza
con que reprehenderos la terneza
de vuestro blando corazón solía

Agora me castigo cada día
de tal salvatiquez y tal torpeza:
mas es a tiempo que de mi bajeza
correrme y castigarme bien podría

Sabed que en mi perfecta edad y armado,
con mis ojos abiertos me he rendido
al niño que sabéis, ciego y desnudo

De tan hermoso fuego consumido
nunca fue corazón: si preguntado
soy lo demás, en lo demás soy mudo

Soneto XXIX

Pasando el mar Leandro el animoso,
en amoroso fuego todo ardiendo,
esforzó el viento, y fuese embraveciendo
el agua con un ímpetu furioso

Vencido del trabajo presuroso,
contrastar a las ondas no pudiendo,
y más del bien que allí perdía muriendo,
que de su propia muerte congojoso,

como pudo, esforzó su voz cansada,
y a las ondas habló desta manera
mas nunca fue su voz de ellas oída:

«Ondas, pues no se excusa que yo muera,
dejadme allá llegar, y a la tornada
vuestro furor ejecutad en mi vida.»

Soneto XXX

Sospechas, que en mi triste fantasía
puestas, hacéis la guerra a mi sentido,
volviendo y revolviendo el afligido
pecho, con dura mano noche y día;

ya se acabó la resistencia mía
y la fuerza del alma; ya rendido
vencer de vos me dejo, arrepentido
de haberos contrastado en tal porfía

Llevadme a aquel lugar tan espantable,
que, por no ver mi muerte allí esculpida,
cerrados hasta aquí tuve los ojos

Las armas pongo ya, que concedida
no es tan larga defensa al miserable;
colgad en vuestro carro mis despojos

Soneto XXXI

Dentro de mi alma fue de mí engendrado
un dulce amor, y de mi sentimiento
tan aprobado fue su nacimiento
como de un solo hijo deseado;

mas luego de él nació quien ha estragado
del todo el amoroso pensamiento:
que en áspero rigor y en gran tormento
los primeros deleites ha tornado

¡Oh crudo nieto, que das vida al padre,
y matas al abuelo! ¿por qué creces
tan disconforme a aquel de que has nacido?

¡Oh, celoso temor! ¿a quién pareces?
¡que la envidia, tu propia y fiera madre,
se espanta en ver el monstruo que ha parido!

Soneto XXXII

Estoy continuo en lágrimas bañado,
rompiendo el aire siempre con sospiros;
y más me duele el no osar deciros
que he llegado por vos a tal estado;

que viéndome do estoy, y lo que he andado
por el camino estrecho de seguiros,
si me quiero tornar para huiros,
desmayo, viendo atrás lo que he dejado;

y si quiero subir a la alta cumbre,
a cada paso espántanme en la vía,
ejemplos tristes de los que han caído

sobre todo, me falta ya la lumbre
de la esperanza, con que andar solía
por la oscura región de vuestro olvido

Soneto XXXIII

Mario, el ingrato amor, como testigo
de mi fe pura y de mi gran firmeza,
usando en mí su vil naturaleza,
que es hacer más ofensa al más amigo;

teniendo miedo que si escribo o digo
su condición, abato su grandeza;
no bastando su fuerza a mi crüeza
ha esforzado la mano a mi enemigo

Y ansí, en la parte que la diestra mano
gobierna. y en aquella que declara
los conceptos del alma, fui herido

Mas yo haré que aquesta ofensa cara
le cueste al ofensor, ya que estoy sano,
libre, desesperado y ofendido

Soneto XXXIV

Gracias al cielo doy que ya del cuello
del todo el grave yugo ha desasido,
y que del viento el mar embravecido
veré desde lo alto sin temello;

veré colgada de un sutil cabello
la vida del amante embebecido
en su error, en engaño adormecido,
sordo a las voces que le avisan dello

Alegrárame el mal de los mortales,
y yo en aquesto no tan inhumano
seré contra mi ser cuanto parece:

alegraréme, como hace el sano,
no de ver a los otros en los males,
sino de ver que dellos él carece

Soneto XXXV

Boscán, las armas y el furor de Marte,
que con su propria fuerza el africano
suelo regando, hacen que el romano
imperio reverdezca en esta parte,

han reducido a la memoria del arte
y el antiguo valor italïano,
por cuya fuerza y valerosa mano
África se aterró de parte a parte

Aquí donde el romano encendimiento,
donde el fuego y la llama licenciosa
solo el nombre dejaron a Cartago,

vuelve y revuelve amor mi pensamiento,
hiere y enciende el alma temerosa,
y en llanto y en ceniza me deshago

Soneto XXXVI

A la entrada de un valle, en un desierto,
do nadie atravesaba, ni se vía,
vi que con extrañeza un can hacía
extremos de dolor con desconcierto;

agora suelta el llanto al cielo abierto,
ora va rastreando por la vía;
camina, vuelve, para, y todavía
quedaba desmayado como muerto

Y fue que se apartó de su presencia
su amo, y no le hallaba; y esto siente;
mirad hasta do llega el mal de ausencia

Movióme a compasión ver su accidente;
díjele, lastimado: «Ten paciencia,
que yo alcanzo razón, y estoy ausente»

Soneto XXXVII

    Mi lengua va por do el dolor la guía;
    ya yo con mi dolor sin guía camino;
    entrambos hemos de ir, con puro tino;
    cada uno a parar do no querría;

    yo, porque voy sin otra compañía,
    sino la que me hace el desatino,
    ella, porque la lleve aquel que vino
    a hacerla decir más que querría

    Y es para mí la ley tan desigual,
    que aunque inocencia siempre en mí conoce,
    siempre yo pago el yerro ajeno y mío

    ¿Qué culpa tengo yo del desvarío
    de mi lengua, si estoy en tanto mal,
    que el sufrimiento ya me desconoce?

Soneto XXXVIII

Siento el dolor menguarme poco a poco,
no porque ser le sienta más sencillo,
más fallece el sentir para sentillo,
después que de sentillo estoy tan loco

Ni en sello pienso que en locura toco,
antes voy tan ufano con oíllo,
que no dejaré el sello y el sufrillo,
que si dejo de sello, el seso apoco

Todo me empece, el seso y la locura;
prívame éste de sí por ser tan mío;
mátame estotra por ser yo tan suyo

Parecerá a la gente desvarío
preciarme de este mal, do me destruyo:
y lo tengo por única ventura

Canciones

Canción I

1
Si a la región desierta, inhabitable
por el hervor del Sol demasiado
y sequedad d'aquella arena ardiente,
o a la que por el hielo congelado
y rigurosa nieve es intratable, 5
del todo inhabitada de la gente,
por algún accidente
o caso de fortuna desastrada
me fuésedes llevada,
y supiese que allá vuestra dureza 10
estaba en su crueza,
allá os iría a buscar como perdido,
hasta morir a vuestros pies tendido.

2
Vuestra soberbia y condición esquiva
acabe ya, pues es tan acabada 15
la fuerza de en quien ha d'ejecutarse;
mirá bien qu'el amor se desagrada
deso, pues quiere qu'el amante viva
y se convierta adó piense salvarse
El tiempo ha de pasarse, 20
y de mis males arrepentimiento,
confusión y tormento
sé que os ha de quedar, y esto recelo,
que aunque de mí me duelo,
como en mí vuestros males son d'otra arte, 25
duélenme en más sensible y tierna parte.

3
Así paso la vida acrecentando
materia de dolor a mis sentidos,
como si la que tengo no bastase,
los cuales para todo están perdidos 30

sino para mostrarme a mí cuál ando
Pluguiese a Dios que aquesto aprovechase
para que yo pensase
un rato en mi remedio, pues os veo
siempre con un deseo   35
de perseguir al triste y al caído:
yo estoy aquí tendido,
mostrándoos de mi muerte las señales,
y vos viviendo solo de mis males.

4   Si aquella amarillez y los suspiros   40
salidos sin licencia de su dueño,
si aquel hondo silencio no han podido
un sentimiento grande ni pequeño
mover en vos que baste a convertiros
a siquiera saber que soy nacido,   45
baste ya haber sufrido
tanto tiempo, a pesar de lo que basto,
que a mí mismo contrasto,
dándome a entender que mi flaqueza
me tiene en la estrecheza   50
en que estoy puesto, y no lo que yo entiendo:
así que con flaqueza me defiendo.

5   Canción, no has de tener
conmigo ya que ver en malo o en bueno;
trátame como ajeno,   55
que no te faltará de quien lo aprendas
Si has miedo que m'ofendas,
no quieras hacer más por mi derecho
de lo que hice yo, qu'el mal me he hecho.

Canción II

1   La soledad siguiendo,
       rendido a mi fortuna,
       me voy por los caminos que se ofrecen,
       por ellos esparciendo
       mis quejas d'una en una   5
       al viento, que las lleva do perecen
       Pues todas no merecen
       ser de vos escuchadas,
       ni sola un hora oídas,
       he lástima de que van perdidas   10
       por donde suelen ir las remediadas;
       a mí se han de tornar,
       adonde para siempre habrán d'estar.

2   Mas ¿qué haré, señora,
       en tanta desventura?   15
       ¿A dónde iré si a vos no voy con ella?
       ¿De quién podré yo ahora
       valerme en mi tristura
       si en vos no halla abrigo mi querella?
       Vos sola sois aquélla   20
       con quien mi voluntad
       recibe tal engaño
       que, viéndoos holgar siempre con mi daño,
       me quejo a vos como si en la verdad
       vuestra condición fuerte   25
       tuviese alguna cuenta con mi muerte.

3   Los árboles presento,
       entre las duras peñas,
       por testigo de cuanto os he encubierto;
       de lo que entre ellas cuento   30

podrán dar buenas señas,
si señas pueden dar del desconcierto
Mas ¿quién tendrá concierto
en contar el dolor,

qu'es de orden enemigo? 35
No me den pena por lo que ora digo,
que ya no me refrenará el temor:
¡quién pudiese hartarse
de no esperar remedio y de quejarse!

4   Mas esto me es vedado 40
con unas obras tales
con que nunca fue a nadie defendido,
que si otros han dejado
de publicar sus males,
llorando el mal estado a que han venido, 45
señora, no habrá sido
sino con mejoría
y alivio en su tormento;
mas ha venido en mí a ser lo que siento
de tal arte que ya en mi fantasía 50
no cabe, y así quedo
sufriendo aquello que decir no puedo.

5   Si por ventura extiendo
alguna vez mis ojos
por el proceso luengo de mis daños, 55
con lo que me defiendo
de tan grandes enojos
solamente es, allí, con mis engaños;
mas vuestros desengaños
vencen mi desvarío 60
y apocan mis defensas,

sin yo poder dar otras recompensas
sino que, siendo vuestro más que mío,
quise perderme así
por vengarme de vos, señora, en mí 65

6   Canción, yo he dicho más que me mandaron
y menos que pensé;
no me pregunten más, que lo diré.

Canción III

1   Con un manso ruido
d'agua corriente y clara
cerca el Danubio una isla que pudiera
ser lugar escogido
para que descansara   5
quien, como estó yo agora, no estuviera:
do siempre primavera
parece en la verdura
sembrada de las flores;
hacen los ruiseñores   10
renovar el placer o la tristura
con sus blandas querellas,
que nunca, día ni noche, cesan dellas.

2   Aquí estuve yo puesto,
o por mejor decillo,   15
preso y forzado y solo en tierra ajena;
bien pueden hacer esto
en quien puede sufrillo
y en quien él a sí mismo se condena
Tengo sola una pena,   20
si muero desterrado
y en tanta desventura:
que piensen por ventura
que juntos tantos males me han llevado,
y sé yo bien que muero   25
por solo aquello que morir espero.

3   El cuerpo está en poder
y en mano de quien puede
hacer a su placer lo que quisiere,
mas no podrá hacer   30

que mal librado quede
mientras de mí otra prenda no tuviere;
cuando ya el mal viniere
y la postrera suerte,
aquí me ha de hallar   35
en el mismo lugar,
que otra cosa más dura que la muerte
me halla y me ha hallado,
y esto sabe muy bien quien lo ha probado.

4 No es necesario agora   40
hablar más sin provecho,
que es mi necesidad muy apretada,
pues ha sido en una hora
todo aquello deshecho
en que toda mi vida fue gastada   45
Y al fin de tal jornada
¿presumen d'espantarme?
Sepan que ya no puedo
morir sino sin miedo,
que aun nunca qué temer quiso dejarme   50
la desventura mía,
qu'el bien y el miedo me quitó en un día.

5 Danubio, río divino,
que por fieras naciones
vas con tus claras ondas discurriendo,   55
pues no hay otro camino
por donde mis razones
vayan fuera d'aquí sino corriendo
por tus aguas y siendo
en ellas anegadas,   60
si en tierra tan ajena,
en la desierta arena,

          d'alguno fueren a la fin halladas,
          entiérrelas siquiera
          porque su error s'acabe en tu ribera   65

6   Aunque en el agua mueras,
          canción, no has de quejarte,
          que yo he mirado bien lo que te toca;
          menos vida tuvieras
          si hubiera de igualarte   70
          con otras que se m'han muerto en la boca,
          Quién tiene culpa en esto,
          allá lo entenderás de mí muy presto.

Canción IV

1   El aspereza de mis males quiero
que se muestre también en mis razones,
como ya en los efetos s'ha mostrado;
lloraré de mi mal las ocasiones,
sabrá el mundo la causa porque muero,   5
y moriré a lo menos confesado,
pues soy por los cabellos arrastrado
de un tan desatinado pensamiento
que por agudas peñas peligrosas,
por matas espinosas,   10
corre con ligereza más que el viento,
bañando de mi sangre la carrera
Y para más despacio atormentarme,
llévame alguna vez por entre flores,
adó de mis tormentos y dolores   15
descanso y dellos vengo a no acordarme;
mas él a más descanso no me espera:
antes, como me ve desta manera,
con un nuevo furor y desatino
torna a seguir el áspero camino   20

2   No vine por mis pies a tantos daños:
fuerzas de mi destino me trajeron
y a la que m'atormenta m'entregaron
Mi razón y juicio bien creyeron
guardarme como en los pasados años   25
d'otros graves peligros me guardaron,
mas cuando los pasados compararon
con los que venir vieron, no sabían
lo que hacer de sí ni dó meterse,
que luego empezó a verse   30
la fuerza y el rigor con que venían

Mas de pura vergüenza constreñida,
con tardo paso y corazón medroso
al fin ya mi razón salió al camino;
cuanto era el enemigo más vecino, 35
tanto más el recelo temeroso
le mostraba el peligro de su vida;
pensar en el dolor de ser vencida
la sangre alguna vez le calentaba,
mas el mismo temor se la enfriaba 40

3   Estaba yo a mirar, y peleando
en mi defensa, mi razón estaba
cansada y en mil partes ya herida,
y sin ver yo quien dentro me incitaba
ni saber cómo, estaba deseando 45
que allí quedase mi razón vencida;
nunca en todo el proceso de mi vida
cosa se me cumplió que desease
tan presto como aquésta, que a la hora
se rindió la señora 50
y al siervo consintió que gobernase
y usase de la ley del vencimiento
Entonces yo sentíme salteado
d'una vergüenza libre y generosa;
corríme gravemente que una cosa 55
tan sin razón hubiese así pasado;
luego siguió el dolor al corrimiento
de ver mi reino en mano de quien cuento,
que me da vida y muerte cada día,
y es la más moderada tiranía 60

4   Los ojos, cuya lumbre bien pudiera
tornar clara la noche tenebrosa
y oscurecer el Sol a mediodía,

me convirtieron luego en otra cosa,
en volviéndose a mí la vez primera 65
con la calor del rayo que salía
de su vista, qu'en mí se difundía;
y de mis ojos la abundante vena
de lágrimas, al Sol que me inflamaba,
no menos ayudaba 70
a hacer mi natura en todo ajena
de lo que era primero. Corromperse
sentí el sosiego y libertad pasada,
y el mal de que muriendo estó engendrarse,
y en tierra sus raíces ahondarse 75
tanto cuanto su cima levantada
sobre cualquier altura hace verse;
el fruto que d'aquí suele cogerse
mil es amargo, alguna vez sabroso,
mas mortífero siempre y ponzoñoso 80

5   De mí agora huyendo, voy buscando
a quien huye de mí como enemiga,
que al un error añado el otro yerro,
y en medio del trabajo y la fatiga
estoy cantando yo, y está sonando 85
de mis atados pies el grave hierro
Mas poco dura el canto si me encierro
acá dentro de mí, porque allí veo
un campo lleno de desconfianza:
muéstrame l'esperanza 90
de lejos su vestido y su meneo,
mas ver su rostro nunca me consiente;
torno a llorar mis daños, porque entiendo
que es un crudo linaje de tormento
para matar aquel que está sediento 95
mostralle el agua por que está muriendo,

      de la cual el cuitado juntamente
      la claridad contempla, el ruido siente,
      mas cuando llega ya para bebella,
      gran espacio se halla lejos della   100

6   De los cabellos de oro fue tejida
      la red que fabricó mi sentimiento,
      do mi razón, revuelta y enredada,
      con gran vergüenza suya y corrimiento,
      sujeta al apetito y sometida,   105
      en público adulterio fue tomada,
      del cielo y de la tierra contemplada
      Mas ya no es tiempo de mirar yo en esto,
      pues no tengo con qué considerallo,
      y en tal punto me hallo   110
      que estoy sin armas en el campo puesto,
      y el paso ya cerrado y la huida
      ¿Quién no se espantará de lo que digo?,
      qu'es cierto que he venido a tal extremo
      que del grave dolor que huyo y temo   115
      me hallo algunas veces tan amigo
      que en medio d'él, si vuelvo a ver la vida
      de libertad, la juzgo por perdida,
      y maldigo las horas y momentos
      gastadas mal en libres pensamientos   120

7   No reina siempre aquesta fantasía,
      que en imaginación tan variable
      no se reposa un hora el pensamiento:
      viene con un rigor tan intratable
      a tiempos el dolor que al alma mía   125
      desampara, huyendo, el sufrimiento
      Lo que dura la furia del tormento,
      no hay parte en mí que no se me trastorne

y que en torno de mí no esté llorando,
de nuevo protestando 130
que de la vía espantosa atrás me torne
Esto ya por razón no va fundado,
ni le dan parte dello a mi juicio,
que este discurso todo es ya perdido,
mas es en tanto daño del sentido 135
este dolor, y en tanto perjuicio,
que todo lo sensible atormentado,
del bien, si alguno tuvo, ya olvidado
está de todo punto, y solo siente
la furia y el rigor del mal presente 140

8   En medio de la fuerza del tormento
una sombra de bien se me presenta,
do el fiero ardor un poco se mitiga:
figúraseme cierto a mí que sienta
alguna parte de lo que yo siento 145
aquella tan amada mi enemiga
(es tan incomportable la fatiga
que si con algo yo no me engañase
para poder llevalla, moriría
y así me acabaría 150
sin que de mí en el mundo se hablase),
así que del estado más perdido
saco algún bien. Mas luego en mí la suerte
trueca y revuelve el orden: que algún hora
si el mal acaso un poco en mí mejora, 155
aquel descanso luego se convierte
en un temor que m'ha puesto en olvido
aquélla por quien sola me he perdido,
y así del bien que un rato satisface
nace el dolor que el alma me deshace 160

9   Canción, si quien te viere se espantare
    de la instabilidad y ligereza
    y revuelta del vago pensamiento,
    estable, grave y firme es el tormento,
    le di, qu'es causa cuya fortaleza   165
    es tal que cualquier parte en que tocare
    la hará revolver hasta que pare
    en aquel fin de lo terrible y fuerte
    que todo el mundo afirma que es la muerte.

Canción V

ODE AD FLOREM GNIDI

1   Si de mi baja lira
tanto pudiese el son que en un momento
aplacase la ira
del animoso viento
y la furia del mar y el movimiento,   5

2   y en ásperas montañas
con el suave canto enterneciese
las fieras alimañas,
los árboles moviese
y al son confusamente los trajiese: 10

3   no pienses que cantado
sería de mí, hermosa flor de Gnido,
el fiero Marte airado,
a muerte convertido,
de polvo y sangre y de sudor teñido,   15

4   ni aquellos capitanes
en las sublimes ruedas colocados,
por quien los alemanes
el fiero cuello atados,
y los franceses van domesticados;   20

5   mas solamente aquella
fuerza de tu beldad sería cantada,
y alguna vez con ella
también sería notada
el aspereza de que estás armada,   25

6   y cómo por ti sola
           y por tu gran valor y hermosura,
           convertido en viola,
           llora su desventura
           el miserable amante en tu figura   30

7   Hablo d'aquel cativo
           de quien tener se debe más cuidado,
           que 'stá muriendo vivo,
           al remo condenado,
           en la concha de Venus amarrado   35

8   Por ti, como solía,
           del áspero caballo no corrige
           la furia y gallardía,
           ni con freno la rige,
           ni con vivas espuelas ya l'aflige;   40

9   por ti con diestra mano
           no revuelve la espada presurosa,
           y en el dudoso llano
           huye la polvorosa
           palestra como sierpe ponzoñosa;   45

10   por ti su blanda musa,
           en lugar de la cítara sonante,
           tristes querellas usa
           que con llanto abundante
           hacen bañar el rostro del amante;   50

11   por ti el mayor amigo
           l'es importuno, grave y enojoso:
           yo puedo ser testigo,
           que ya del peligroso

	naufragio fui su puerto y su reposo,	55
12	y agora en tal manera	
	vence el dolor a la razón perdida	
	que ponzoñosa fiera	
	nunca fue aborrecida	
	tanto como yo dél, ni tan temida	60
13	No fuiste tú engendrada	
	ni producida de la dura tierra;	
	no debe ser notada	
	que ingratamente yerra	
	quien todo el otro error de sí destierra	65
14	Hágate temerosa	
	el caso de Anajárete, y cobarde,	
	que de ser desdeñosa	
	se arrepentió muy tarde,	
	y así su alma con su mármol arde	70
15	Estábase alegrando	
	del mal ajeno el pecho empedernido	
	cuando, abajo mirando,	
	el cuerpo muerto vido	
	del miserable amante allí tendido,	75
16	y al cuello el lazo atado	
	con que desenlazó de la cadena	
	el corazón cuitado,	
	y con su breve pena	
	compró la eterna punición ajena	80
17	Sentió allí convertirse	
	en piedad amorosa la aspereza	

|Oh tarde arrepentirse!
|Oh última terneza!
¿Cómo te sucedió mayor dureza? 85

18 Los ojos s'enclavaron
en el tendido cuerpo que allí vieron;
los huesos se tornaron
más duros y crecieron
y en sí toda la carne convirtieron; 90

19 las entrañas heladas
tornaron poco a poco en piedra dura;
por las venas cuitadas
la sangre su figura
iba desconociendo y su natura, 95

20 hasta que finalmente,
en duro mármol vuelta y transformada,
hizo de sí la gente
no tan maravillada
cuanto de aquella ingratitud vengada 100

21 No quieras tú, señora,
de Némesis airada las saetas
probar, por Dios, agora;
baste que tus perfetas
obras y hermosura a los poetas 105

22 den inmortal materia,
sin que también en verso lamentable
celebren la miseria
d'algún caso notable
que por ti pase, triste, miserable 110

Coplas

Copla I

Villancico del mismo [Boscán] y de Garcilaso de la Vega
a don Luis de la Cueva porque bailó en palacio
con una dama que llamaban la pájara

        ¿Qué testimonios son éstos
        que le queréis levantar?
        Que no fue sino bailar

        Garcilaso

        ¿Ésta tienen por gran culpa?
        No lo fue, a mi parecer,
        porque tiene por desculpa
        que lo hizo la mujer
        Ésta le hizo caer
        mucho más que no el saltar
        que hizo con el bailar

Copla II

Canción, habiéndose casado su dama

        Culpa debe ser quereros,
según lo que en mí hacéis,
mas allá lo pagaréis
do no sabrán conoceros,
por mal que me conocéis

        Por quereros, ser perdido
pensaba, que no culpado;
mas que todo lo haya sido,
así me lo habéis mostrado
que lo tengo bien sabido
¡Quién pudiese no quereros
tanto como vos sabéis,
por holgarme que paguéis
lo que no han de conoceros
con lo que no conocéis!

Copla III

Otra

     Yo dejaré desde aquí
de ofenderos más hablando,
porque mi morir callando
os ha de hablar por mí

     Gran ofensa os tengo hecha
hasta aquí en haber hablado,
pues en cosa os he enojado
que tan poco me aprovecha
Derramaré desde aquí
mis lágrimas no hablando,
porque quien muere callando
tiene quien hable por sí

Copla IV

A una partida

      Acaso supo, a mi ver,
y por acierto quereros
quien tal yerro fue a hacer
como partirse de veros
donde os dejase de ver,

      Imposible es que este tal
pensando que os conocía,
supiese lo que hacía
cuando su bien y su mal
junto os entregó en un día
Acertó acaso a hacer
lo que si por conoceros
hiciera, no podía ser:
partirse y, con solo veros,
dejaros siempre de ver

Copla V

Traduciendo cuatro versos de Ovidio

> Pues este nombre perdí,
> "Dido, mujer de Siqueo",
> en mi muerte esto deseo
> que se escriba sobre mí:
>
> "El peor de los troyanos
> dio la causa y el espada;
> Dido, a tal punto llegada,
> no puso más de las manos."

Copla VI

A una señora que, andando él y otro
paseando, les echó una red empezada
y un huso comenzado a hilar en él,
y dijo que aquello había trabajado todo el día

    De la red y del hilado
    hemos de tomar, señora,
    que echáis de vos en un hora
    todo el trabajo pasado;

    y si el vuestro se ha de dar
    a los que se pasearen,
    lo que por vos trabajaren
    ¿dónde lo pensáis echar?

Copla VII

Del mismo Garcilaso a Boscán, porque
estando en Alemaña danzó en unas bodas

        La gente s'espanta toda,
        que hablar a todos distes,
        que un milagro que hecistes
        hubo de ser en la boda;

        pienso que habéis de venir,
        si vais por ese camino,
        a tornar el agua en vino,
        como el danzar en reír

Copla VIII

Villancico de Garcilaso

    Nadie puede ser dichoso,
señora, ni desdichado,
sino que os haya mirado

    Porque la gloria de veros
en ese punto se quita
que se piensa mereceros,
así que sin conoceros,
nadi puede ser dichoso,
señora, ni desdichado,
sino que os haya mirado

Elegías

Elegía I

Al duque d'Alba en la muerte
de don Bernaldino de Toledo

      Aunque este grave caso haya tocado
con tanto sentimiento el alma mía
que de consuelo estoy necesitado,
      con que de su dolor mi fantasía
se descargase un poco y s'acabase
de mi continuo llanto la porfía,
      quise, pero, probar si me bastase
el ingenio a escribirte algún consuelo,
estando cual estoy, que aprovechase
      para que tu reciente desconsuelo
la furia mitigase, si las musas
pueden un corazón alzar del suelo
      y poner fin a las querellas que usas,
con que de Pindo ya las moradoras
se muestran lastimadas y confusas;
      que según he sabido, ni a las horas
que'l sol se muestra ni en el mar s'asconde,
de tu lloroso estado no mejoras,
      antes, en él permaneciendo donde-
quiera que estás, tus ojos siempre bañas,
y el llanto a tu dolor así responde
      que temo ver deshechas tus entrañas
en lágrimas, como al lluvioso viento
se derrite la nieve en las montañas
      Si acaso el trabajado pensamiento
en el común reposo s'adormece,
por tornar al dolor con nuevo aliento,
      en aquel breve sueño t'aparece
la imagen amarilla del hermano

que de la dulce vida desfallece,
    y tú tendiendo la piadosa mano,
probando a levantar el cuerpo amado,
levantas solamente el aire vano,
    y del dolor el sueño desterrado,
con ansia vas buscando el que partido
era ya con el sueño y alongado
    Así desfalleciendo en tu sentido,
como fuera de ti, por la ribera
de Trápana con llanto y con gemido
    el caro hermano buscas, que solo era
la mitad de tu alma, el cual muriendo,
quedará ya sin una parte entera;
    y no de otra manera repitiendo
vas el amado nombre, en desusada
figura a todas partes revolviendo,
    que cerca del Erídano aquejada
lloró y llamó Lampecia el nombre en vano,
con la fraterna rnuerte lastimada:
"¡Ondas, tornáme ya mi dulce hermano
Faetón; si no, aquí veréis mi muerte,
regando con mis ojos este llano!"
    ¡Oh cuántas veces, con el dolor fuerte
avivadas las fuerzas, renovaba
las quejas de su cruda y dura suerte;
y cuántas otras, cuando s'acababa
aquel furor, en la ribera umbrosa,
muerta, cansada, el cuerpo reclinaba!
    Bien te confieso que s'alguna cosa
entre la humana puede y mortal gente
entristecer un alma generosa,
    con gran razón podrá ser la presente,
pues te ha privado d'un tan dulce amigo,
no solamente hermano, un acidente;

  el cual no sólo siempre fue testigo
de tus consejos y íntimos secretos,
mas de cuanto lo fuiste tú contigo:
  en él se reclinaban tus discretos
y honestos pareceres y hacían
conformes al asiento sus efetos;
  en él ya se mostraban y leían
tus gracias y virtudes una a una
y con hermosa luz resplandecían,
  como en luciente de cristal coluna
que no encubre, de cuanto s'avecina
a su viva pureza, cosa alguna
  ¡Oh miserables hados, oh mezquina
suerte, la del estado humano, y dura,
do por tantos trabajos se camina,
  y agora muy mayor la desventura
d'aquesta nuestra edad cuyo progreso
muda d'un mal en otro su figura!
  ¿A quién ya de nosotros el eceso
de guerras, de peligros y destierro
no toca y no ha cansado el gran proceso?
  ¿Quién no vio desparcir su sangre al hierro
del enemigo? ¿Quién no vio su vida
perder mil veces y escapar por yerro?
  ¡De cuántos queda y quedará perdida
la casa, la mujer y la memoria,
y d'otros la hacienda despendida!
  ¿Qué se saca d'aquesto? ¿Alguna gloria?
¿Algunos premios o agradecimiento?
Sabrálo quien leyere nuestra historia:
  veráse allí que como polvo al viento,
así se deshará nuestra fatiga
ante quien s'endereza nuestro intento
  No contenta con esto, la enemiga

del humano linaje, que envidiosa
coge sin tiempo el grano de la espiga,
    nos ha querido ser tan rigurosa
que ni a tu juventud, don Bernaldino,
ni ha sido a nuestra pérdida piadosa
    ¿Quién pudiera de tal ser adevino?
¿A quién no le engañara la esperanza,
viéndote caminar por tal camino?
    ¿Quién no se prometiera en abastanza
seguridad entera de tus años,
sin temer de natura tal mudanza?
    Nunca los tuyos, mas los propios daños
dolernos deben, que la muerte amarga
nos muestra claros ya mil desengaños:
    hános mostrado ya que en vida larga,
apenas de tormentos y d'enojos
llevar podemos la pesada carga
    hános mostrado en ti que claros ojos
y juventud y gracia y hermosura
son también, cuando quiere, sus despojos
    Mas no puede hacer que tu figura,
después de ser de vida ya privada,
no muestre el artificio de natura:
    bien es verdad que no está acompañada
de la color de rosa que solía
con la blanca azucena ser mezclada,
porque'l calor templado que encendía
la blanca nieve de tu rostro puro,
robado ya la muerte te lo había;
    en todo lo demás, como en seguro
y reposado sueño descansabas,
indicio dando del vivir futuro
    Mas ¿qué hará la madre que tú amabas,
de quien perdidamente eras amado,

a quien la vida con la tuya dabas?
     Aquí se me figura que ha llegado
  de su lamento el son, que con su fuerza
  rompe el aire vecino y apartado,
     tras el cual a venir también se 'sfuerza
  el de las cuatro hermanas, que teniendo
  va con el de la madre a viva fuerza;
     a todas las contemplo desparciendo
  de su cabello luengo el fino oro,
  al cual ultraje y daño están haciendo
     El viejo Tormes, con el blanco coro
  de sus hermosas ninfas, seca el río
  y humedece la tierra con su lloro,
     no recostado en urna al dulce frío
  de su caverna umbrosa, mas tendido
  por el arena en el ardiente estío;
     con ronco son de llanto y de gemido,
  los cabellos y barbas mal paradas
  se despedaza y el sotil vestido;
     en torno dél sus ninfas desmayadas
  llorando en tierra están, sin ornamento,
  con las cabezas d'oro despeinadas
     Cese ya del dolor el sentimiento,
  hermosas moradoras del undoso
  Tormes; tened más provechoso intento:
     consolad a la madre, que el piadoso
  dolor la tiene puesta en tal estado
  que es menester socorro presuroso
     Presto será que'l cuerpo, sepultado
  en un perpetuo mármol, de las ondas
  podrá de vuestro Tormes ser bañado;
     y tú, hermoso coro, allá en las hondas
  aguas metido, podrá ser que al llanto
  de mi dolor te muevas y respondas

    Vos, altos promontorios, entretanto,
con toda la Trinacria entristecida,
buscad alivio en desconsuelo tanto
    Sátiros, faunos, ninfas, cuya vida
sin enojo se pasa, moradores
de la parte repuesta y escondida,
    con luenga esperiencia sabidores,
buscad para consuelo de Fernando
hierbas de propriedad oculta y flores:
    así en el ascondido bosque, cuando
ardiendo en vivo y agradable fuego
las fugitivas ninfas vais buscando,
    ellas se inclinen al piadoso ruego
y en recíproco lazo estén ligadas,
sin esquivar el amoroso juego
    Tú, gran Fernando, que entre tus pasadas
y tus presentes obras resplandeces,
y a mayor fama están por ti obligadas,
    contempla dónde estás, que si falleces
al nombre que has ganado entre la gente,
de tu virtud en algo t'enflaqueces,
    porque al fuerte varón no se consiente
no resistir los casos de Fortuna
con firme rostro y corazón valiente;
    y no tan solamente esta importuna,
con proceso crüel y riguroso,
con revolver de sol, de cielo y luna,
    mover no debe un pecho generoso
ni entristecello con funesto vuelo,
turbando con molestia su reposo,
    mas si toda la máquina del cielo
con espantable son y con rüido,
hecha pedazos, se viniere al suelo,
    debe ser aterrado y oprimido

del grave peso y de la gran rüina
primero que espantado y comovido
    Por estas asperezas se camina
de la inmortalidad al alto asiento,
do nunca arriba quien d'aquí declina
    Y en fin, señor, tornando al movimiento
de la humana natura, bien permito
a nuestra flaca parte un sentimiento,
    mas el eceso en esto vedo y quito,
si alguna cosa puedo, que parece
que quiere proceder en infinito
    A lo menos el tiempo, que descrece
y muda de las cosas el estado,
debe bastar, si la razón fallece:
    no fue el troyano príncipe llorado
siempre del viejo padre dolorido,
ni siempre de la madre lamentado;
    antes, después del cuerpo redemido
con lágrimas humildes y con oro,
que fue del fiero Aquiles concedido,
    y reprimiendo el lamentable coro
del frigio llanto, dieron fin al vano
y sin provecho sentimiento y lloro
    El tierno pecho, en esta parte humano,
de Venus, ¿qué sintió, su Adonis viendo
de su sangre regar el verde llano?
    Mas desque vido bien que, corrompiendo
con lágrimas sus ojos, no hacía
sino en su llanto estarse deshaciendo,
    y que tornar llorando no podía
su caro y dulce amigo de la escura
y tenebrosa noche al claro día,
    los ojos enjugó y la frente pura
mostró con algo más contentamiento,

    dejando con el muerto la tristura
        Y luego con gracioso movimiento
se fue su paso por el verde suelo,
con su guirlanda usada y su ornamento;
        desordenaba con lascivo vuelo
el viento sus cabellos; con su vista
s'alegraba la tierra, el mar y el cielo
        Con discurso y razón, que's tan prevista,
con fortaleza y ser, que en ti contemplo,
a la flaca tristeza se resista
        Tu ardiente gana de subir al templo
donde la muerte pierde su derecho
te basta, sin mostrarte yo otro enjemplo;
        allí verás cuán poco mal ha hecho
la muerte en la memoria y clara fama
de los famosos hombres que ha deshecho
        Vuelve los ojos donde al fin te llama
la suprema esperanza, do perfeta
sube y purgada el alma en pura llama;
        ¿piensas que es otro el fuego que en Oeta
d'Alcides consumió la mortal parte
cuando voló el espirtu a la alta meta?
        Desta manera aquél, por quien reparte
tu corazón sospiros mil al día
y resuena tu llanto en cada parte,
        subió por la difícil y alta vía,
de la carne mortal purgado y puro,
en la dulce región del alegría,
        do con discurso libre ya y seguro
mira la vanidad de los mortales,
ciegos, errados en el aire 'scuro,
        y viendo y contemplando nuestros males,
alégrase d'haber alzado el vuelo
y gozar de las horas immortales

    Pisa el immenso y cristalino cielo,
teniendo puestos d'una y d'otra mano
el claro padre y el sublime agüelo:
    el uno ve de su proceso humano
sus virtudes estar allí presentes,
que'l áspero camino hacen llano;
    el otro, que acá hizo entre las gentes
en la vida mortal menor tardanza,
sus llagas muestra allá resplandecientes
    (Dellas aqueste premio allá s'alcanza,
porque del enemigo no conviene
procurar en el cielo otra venganza)
    Mira la tierra, el mar que la contiene,
todo lo cual por un pequeño punto
a respeto del cielo juzga y tiene;
    puesta la vista en aquel gran trasunto
y espejo do se muestra lo pasado
con lo futuro y lo presente junto,
    el tiempo que a tu vida limitado
d,allá arriba t'está, Fernando, mira,
y allí ve tu lugar ya deputado
    ¡Oh bienaventurado, que sin ira,
sin odio, en paz estás, sin amor ciego,
con quien acá se muere y se sospira,
    y en eterna holganza y en sosiego
vives y vivirás cuanto encendiere
las almas del divino amor el fuego!
    Y si el cielo piadoso y largo diere
luenga vida a la voz deste mi llanto,
lo cual tú sabes que pretiende y quiere,
    yo te prometo, amigo, que entretanto
que el sol al mundo alumbre y que la escura
noche cubra la tierra con su manto,
    y en tanto que los peces la hondura

húmida habitarán del mar profundo
y las fieras del monte la espesura,
   se cantará de ti por todo el mundo,
que en cuanto se discurre, nunca visto
de tus años jamás otro segundo
será, desde'l Antártico a Calisto

Elegía II

A Boscán

        Aquí, Boscán, donde del buen troyano
Anquises con eterno nombre y vida
conserva la ceniza el Mantüano,
        debajo de la seña esclarecida
de César africano nos hallamos
la vencedora gente recogida:
        diversos en estudio, que unos vamos
muriendo por coger de la fatiga
el fruto que con el sudor sembramos;
        otros (que hacen la virtud amiga
y premio de sus obras y así quieren
que la gente lo piense y que lo diga)
        destotros en lo público difieren,
y en lo secreto sabe Dios en cuánto
se contradicen en lo que profieren
        Yo voy por medio, porque nunca tanto
quise obligarme a procurar hacienda,
que un poco más que aquéllos me levanto;
        ni voy tampoco por la estrecha senda
de los que cierto sé que a la otra vía
vuelven, de noche al caminar, la rienda
        Mas ¿dónde me llevó la pluma mía?,
que a sátira me voy mi paso a paso,
y aquesta que os escribo es elegía
        Yo enderezo, señor, en fin mi paso
por donde vos sabéis que su proceso
siempre ha llevado y lleva Garcilaso;
        y así, en mitad d'aqueste monte espeso,
de las diversidades me sostengo,
no sin dificultad, mas no por eso

    dejo las musas, antes torno y vengo
dellas al negociar, y varïando,
con ellas dulcemente me entretengo
    Así se van las horas engañando;
así del duro afán y grave pena
estamos algún hora descansando
    D'aquí iremos a ver de la Serena
la patria, que bien muestra haber ya sido
de ocio y d'amor antiguamente llena
    Allí mi corazón tuvo su nido
un tiempo ya, mas no sé, triste, agora
o si estará ocupado o desparcido;
daquesto un frío temor así a deshora
por mis huesos discurre en tal manera
que no puedo vivir con él un'hora
    Si, triste, de mi bien yo estado hubiera
un breve tiempo ausente, no lo niego
que con mayor seguridad viviera:
    la breve ausencia hace el mismo juego
en la fragua d'amor que en fragua ardiente
el agua moderada hace al fuego,
    la cual verás que no tan solamente
no le suele matar, mas le refuerza
con ardor más intenso y eminente,
    porque un contrario, con la poca fuerza
de su contrario, por vencer la lucha
su brazo aviva y su valor esfuerza
    Pero si el agua en abundancia mucha
sobre'l fuego s'esparce y se derrama,
el humo sube al cielo, el son s'escucha
    y, el claro resplandor de viva llama
en polvo y en ceniza convertido,
apenas queda d'él sino la fama:
    así el ausencia larga, que ha esparcido

en abundancia su licor que amata
el fuego qu'el amor tenía encendido,
    de tal suerte lo deja que lo trata
la mano sin peligro en el momento
que en aparencia y son se desbarata
    Yo solo fuera voy d'aqueste cuento,
porque'l amor m'aflige y m'atormenta
y en el ausencia crece el mal que siento;
    y pienso yo que la razón consienta
y permita la causa deste efeto,
que a mí solo entre todos se presenta,
    porque como del cielo yo sujeto
estaba eternamente y diputado
al amoroso fuego en que me meto,
    así, para poder ser amatado,
el ausencia sin término, infinita
debe ser, y sin tiempo limitado;
    lo cual no habrá razón que lo permita,
porque por más y más que ausencia dure,
con la vida s'acaba, qu'es finita
    Mas a mí ¿quién habrá que m'asegure
que mi mala fortuna con mudanza
y olvido contra mí no se conjure?
    Este temor persigue la esperanza
y oprime y enflaquece el gran deseo
con que mis ojos van de su holganza;
    con ellos solamente agora veo
este dolor qu'el corazón me parte,
y con él y comigo aquí peleo
    ¡Oh crudo, oh riguroso, oh fiero Marte,
de túnica cubierto de diamante
y endurecido siempre en toda parte!,
    ¿qué tiene que hacer el tierno amante
con tu dureza y áspero ejercicio,

llevado siempre del furor delante?
    Ejercitando por mi mal tu oficio,
soy reducido a términos que muerte
será mi postrimero beneficio;
    y ésta no permitió mi dura suerte
que me sobreviniese peleando,
de hierro traspasado agudo y fuerte,
    porque me consumiese contemplando
mi amado y dulce fruto en mano ajena,
y el duro posesor de mí burlando
    Mas ¿dónde me trasporta y enajena
de mi propio sentido el triste miedo?
A parte de vergüenza y dolor llena,
    donde, si el mal yo viese, ya no puedo,
según con esperalle estoy perdido,
acrecentar en la miseria un dedo
    Así lo pienso agora, y si él venido
fuese en su misma forma y su figura,
ternia el presente por mejor partido,
    y agradeceria siempre a la ventura
mostrarme de mi mal solo el retrato
que pintan mi temor y mi tristura
    Yo sé qué cosa es esperar un rato
el bien del propio engaño y solamente
tener con él inteligencia y trato,
    como acontece al mísero doliente
que, del un cabo, el cierto amigo y sano
le muestra el grave mal de su acidente,
    y le amonesta que del cuerpo humano
comience a levantar a mejor parte
el alma suelta con volar liviano;
    mas la tierna mujer, de la otra parte,
no se puede entregar al desengaño
y encúbrele del mal la mayor parte;

  él, abrazado con su dulce engaño,
vuelve los ojos a la voz piadosa
y alégrase muriendo con su daño:
   así los quito yo de toda cosa
y póngolos en solo el pensamiento
de la esperanza, cierta o mentirosa;
   en este dulce error muero contento,
porque ver claro y conocer mi 'stado
no puede ya curar el mal que siento,
   y acabo como aquel qu'en un templado
baño metido, sin sentillo muere,
las venas dulcemente desatado
   Tú, que en la patria, entre quien bien te quiere,
la deleitosa playa estás mirando
y oyendo el son del mar que en ella hiere,
   y sin impedimiento contemplando
la misma a quien tú vas eterna fama
en tus vivos escritos procurando,
   alégrate, que más hermosa llama
que aquella qu'el troyano encendimiento
pudo causar el corazón t'inflama;
   no tienes que temer el movimiento
de la fortuna con soplar contrario,
que el puro resplandor serena el viento
   Yo, como conducido mercenario,
voy do fortuna a mi pesar m'envía,
si no a morir, que aquéste's voluntario;
   solo sostiene la esperanza mía
un tan débil engaño que de nuevo
es menester hacelle cada día,
   y si no le fabrico y le renuevo,
da consigo en el suelo mi esperanza
tanto qu'en vano a levantalla pruebo
   Aqueste premio mi servir alcanza,

que en sola la miseria de mi vida
negó fortuna su común mudanza
 ¿Dónde podré hüir que sacudida
un rato sea de mí la grave carga
que oprime mi cerviz enflaquecida?
 Mas iay!, que la distancia no descarga
el triste corazón, y el mal, doquiera
que 'stoy, para alcanzarme el brazo alarga:
 si donde'l sol ardiente reverbera
en la arenosa Libya, engendradora
de toda cosa ponzoñosa y fiera,
 o adond'él es vencido a cualquier hora
de la rígida nieve y viento frío,
parte do no se vive ni se mora,
 si en ésta o en aquélla el desvarío
o la fortuna me llevase un día
y allí gastase todo el tiempo mío,
 el celoso temor con mano fría
en medio del calor y ardiente arena
el triste corazón m'apretaría;
 y en el rigor del hielo, en la serena
noche, soplando el viento agudo y puro
qu'el veloce correr del agua enfrena,
 d'aqueste vivo fuego, en que m'apuro
y consumirme poco a poco espero,
sé que aun allí no podré estar seguro,
y así diverso entre contrarios muero

Epístola a Boscán

Señor Boscán, quien tanto gusto tiene
de daros cuenta de los pensamientos,
hasta las cosas que no tienen nombre,
no le podrá faltar con vos materia,
ni será menester buscar estilo
presto, distinto d'ornamento puro
tal cual a culta epístola conviene
Entre muy grandes bienes que consigo
el amistad perfeta nos concede
es aqueste descuido suelto y puro,
lejos de la curiosa pesadumbre;
y así, d'aquesta libertad gozando,
digo que vine, cuanto a lo primero,
tan sano como aquel que en doce días
lo que sólo veréis ha caminado
cuando el fin de la carta os lo mostrare

Alargo y suelto a su placer la rienda,
mucho más que al caballo, al pensamiento,
y llévame a las veces por camino
tan dulce y agradable que me hace
olvidar el trabajo del pasado;
otras me lleva por tan duros pasos
que con la fuerza del afán presente
también de los pasados se me olvida;
a veces sigo un agradable medio
honesto y reposado, en que'l discurso
del gusto y del ingenio se ejercita
Iba pensando y discurriendo un día
a cuántos bienes alargó la mano
el que del amistad mostró el camino,
y luego vos, del amistad enjemplo,

os me ofrecéis en estos pensamientos,
y con vos a lo menos me acontece
una gran cosa, al parecer estraña,
y porque lo sepáis en pocos versos,
es que, considerando los provechos,
las honras y los gustos que me vienen
desta vuestra amistad, que en tanto tengo,
ninguna cosa en mayor precio estimo
ni me hace gustar del dulce estado
tanto como el amor de parte mía
Éste comigo tiene tanta fuerza
que, sabiendo muy bien las otras partes
del amistad y la estrecheza nuestra
con solo aquéste el alma se enternece;
y sé que otramente me aprovecha
el deleite, que suele ser pospuesto
a las útiles cosas y a las graves
Llévame a escudriñar la causa desto
ver contino tan recio en mí el efeto,
y hallo que'l provecho, el ornamento,
el gusto y el placer que se me sigue
del vínculo d'amor, que nuestro genio
enredó sobre nuestros corazones,
son cosas que de mí no salen fuera,
y en mí el provecho solo se convierte
Mas el amor, de donde por ventura
nacen todas las cosas, si hay alguna,
que a vuestra utilidad y gusto miren,
es gran razón que ya en mayor estima
tenido sea de mí que todo el resto,
cuanto más generosa y alta parte
es el hacer el bien que el recebille;
así que amando me deleito, y hallo
que no es locura este deleite mio

    ¡Oh cuán corrido estoy y arrepentido
de haberos alabado el tratamiento
del camino de Francia y las posadas!
Corrido de que ya por mentiroso
con razón me ternéis; arrepentido
de haber perdido tiempo en alabaros
cosa tan digna ya de vituperio,
donde no hallaréis sino mentiras,
vinos acedos, camareras feas,
varletes codiciosos, malas postas,
gran paga, poco argén, largo camino;
llegar al fin a Nápoles, no habiendo
dejado allá enterrado algún tesoro,
salvo si no decís que's enterrado
lo que nunca se halla ni se tiene
A mi señor Durall estrechamente
abrazá de mi parte, si pudierdes
Doce del mes d'otubre, de la tierra
do nació el claro fuego del Petrarca
y donde están del fuego las cenizas

Églogas

Égloga I

A don Pedro de Toledo,
marqués de Villafranca, virrey de Nápoles

    Salicio y Nemoroso

        El dulce lamentar de dos pastores
Salicio juntamente y Nemoroso,
he de cantar, sus quejas imitando;
cuyas ovejas al cantar sabroso
estaban muy atentas, los amores,
de pacer olvidadas, escuchando
Tú, que ganaste obrando
un nombre en todo el mundo,
y un grado sin segundo,
agora estés atento, solo y dado
al ínclito gobierno del estado
albano; agora vuelto a la otra parte,
resplandeciente, armado,
representando en tierra al fiero Marte;
    agora de cuidados enojosos
y de negocios libre, por ventura
andes a caza, el monte fatigando
el ardiente jinete, que apresura
el curso, tras los ciervos temerosos,
que en vano su morir van dilatando:
espera, que en tornando
a ser restituido
al ocio ya perdido,
luego verás ejercitar mi pluma
por la infinita innumerable suma
de tus virtudes y famosas obras:
antes que me consuma,

faltando a ti, que a todo el mundo sobras
    En tanto que este tiempo que adivino
viene a sacarme de la deuda un día,
que se debe a tu fama y a tu gloria;
que es deuda general, no solo mía,
mas de cualquier ingenio peregrino
que celebra lo digno de memoria:
el árbol de victoria
que ciñe estrechamente
tu gloriosa frente
dé lugar a la hiedra que se planta
debajo de tu sombra, y se levanta
poco a poco, arrimada a tus loores:
y en cuanto esto se canta,
escucha tú el cantar de mis pastores
    Saliendo de las ondas encendido,
rayaba de los montes el altura
el Sol, cuando Salicio, recostado
al pie de una alta haya, en la verdura,
por donde una agua clara con sonido
atravesaba el fresco y verde prado;
él, con canto acordado
al rumor que sonaba
del agua que pasaba,
se quejaba tan dulce y blandamente
como si no estuviera de allí ausente
la que de su dolor culpa tenía;
y así, como presente,
razonando con ella, le decía:

Salicio   ¡Oh, más dura que mármol a mis quejas
y al encendido fuego en que me quemo,
más helada que nieve, Galatea!
Estoy muriendo, y aun la vida temo;

témola con razón, pues tú me dejas;
que no hay, sin ti, el vivir para qué sea
Vergüenza he que me vea
ninguno en tal estado,
de ti desamparado,
y de mí mismo yo me corro agora
¿De un alma te desdeñas ser señora,
donde siempre moraste, no pudiendo
della salir un hora?
Salid, sin duelo, lágrimas, corriendo

   El Sol tiende los rayos de su lumbre
por montes y por valles, despertando
las aves y animales y la gente;
cuál por el aire claro va volando,
cuál por el verde valle o alta cumbre
paciendo va segura y libremente,
cuál con el Sol presente,
va de nuevo al oficio,
y al usado ejercicio
do su natura o menester le inclina
Siempre está en llanto esta ánima mezquina
cuando la sombra el mundo va cubriendo
o la luz se avecina
Salid sin duelo, lágrimas, corriendo

   ¿Y tú, desta vida ya olvidada,
sin mostrar un pequeño sentimiento
de que por ti Salicio triste muera,
dejas llevar, desconocida, al viento
el amor y la fe que ser guardada
eternamente solo a mí debiera?
¡Oh Dios! ¿Por qué siquiera,
pues ves desde tu altura
esta falsa perjura
causar la muerte de un estrecho amigo,

no recibe del cielo algún castigo?
Si en pago del amor yo estoy muriendo,
¿que hará el enemigo?
Salid sin duelo, lágrimas, corriendo

 Por ti el silencio de la selva umbrosa,
por ti la esquividad y apartamiento
del solitario monte me aguardaba;
por ti la verde yerba, el fresco viento,
el blanco lirio y colorada rosa
y dulce primavera deseaba
¡Ay, cuánto me engañaba!
¡Ay, cuán diferente era
y cuán de otra manera
lo que en tu falso pecho se escondía!
Bien claro con su voz me lo decía
la siniestra corneja, repitiendo
la desventura mía
Salid sin duelo, lágrimas, corriendo

 ¡Cuántas veces durmiendo en la floresta,
reputándolo yo por desvarío,
vi mi mal entre sueños, desdichado!
Soñaba que en el tiempo del estío
llevaba, por pasar allí la siesta,
a beber en el Tajo mi ganado
y después de llegado
sin saber de cuál arte,
por desusada parte
y por nuevo camino el agua se iba;
ardiendo y con el calor estiva,
el curso enajenado iba siguiendo
del agua fugitiva
Salid sin duelo, lágrimas, corriendo

 Tu dulce habla, ¿en cúya oreja suena?
Tus claros ojos, ¿a quién los volviste?

¿Por quién tan sin respeto me trocaste?
Tu quebrantada fe, ¿do la pusiste?
¿Cuál es el cuello que, como en cadena,
de tus hermosos brazos anudaste?
No hay corazón que baste,
aunque fuese de piedra,
viendo mi amada hiedra
de mí arrancada, en otro muro asida,
y mi parra en otro olmo entretejida,
que no se esté con llanto deshaciendo
hasta acabar la vida
Salid sin duelo, lágrimas, corriendo

    ¿Qué no se esperará de aquí adelante,
por difícil que sea y por incierto?
    ¿O qué discordia no será juntada?
Y juntamente, ¿qué tendrá por cierto?
¿O qué de hoy más no temerá el amante,
siendo a todo materia por ti dada?
Cuando tú enajenada
de mí, cuitado, fuiste,
notable causa diste
y ejemplo a todos cuantos cubre el cielo,
que el más seguro tema con recelo
perder lo que estuviera poseyendo
Salid fuera sin duelo,
salid sin duelo, lágrimas, corriendo

    Materia diste al mundo de esperanza
de alcanzar lo imposible y no pensado
Y de hacer juntar lo diferente,
dando a quien diste el corazón malvado,
quitándolo de mí con tal mudanza,
que siempre sonará de gente en gente
La cordera paciente
con el lobo hambriento

hará su ayuntamiento
y con las simples aves sin ruido
harán las bravas sierpes ya su nido:
que mayor diferencia comprendo
de ti al que has escogido
Salid sin duelo, lágrimas, corriendo

   Siempre de nueva leche en el verano
y en el invierno abundo; en mi majada
la manteca y el queso está sobrado;
de mi cantar, pues, yo te vi agradada,
tanto, que no pudiera el mantuano
Títiro ser de ti más alabado
No soy, pues, bien mirado,
tan disforme ni feo,
que aún agora me veo
en esta agua que corre clara y pura,
y cierto no trocara mi figura?
con ése que de mí se está riendo:
¡trocara mi ventura!
Salid sin duelo, lágrimas, corriendo….

   ¿Cómo te vine en tanto menosprecio?
¿Cómo te fui tan presto aborrecible?
¿Cómo te faltó en mí el conocimiento?
Si no tuvieras condición terrible,
siempre fuera tenido de ti en precio,
y no viera de ti ese apartamiento
¿No sabes que sin cuento
buscan en el estío
mis ovejas el frío
de la sierra de Cuenca, y el gobierno
del abrigo Extremo en el invierno?
Mas ¡qué vale el tener, si derritiendo
me estoy en llano eterno!
Salid sin duelo, lágrimas corriendo

Con mi llorar las piedras enternecen
su natural dureza y la quebrantan,
los árboles parece que se inclinan,
las aves que me escuchan, cuando cantan,
con diferente voz se condolecen,
y mi morir cantando me adivinan
Las fieras que reclinan
su cuerpo fatigado
dejan el sosegado
sueño por escuchar mi llanto triste
Tú sola contra mí te endureciste,
los ojos aun siquiera no volviendo
a lo que tú hiciste
Salid sin duelo, lágrimas, corriendo

    Mas ya que a socorrerme aquí no vienes,
no dejes el lugar que tanto amaste
que bien podrás venir de mí segura,
y dejaré el lugar do me dejaste;
ven, si por solo esto te detienes
Ves aquí un prado lleno de verdura,
ves aquí una espesura,
ves aquí una agua clara,
en otro tiempo cara,
a quien de ti con lágrimas me quejo
Quizás aquí hallarás, pues yo me alejo,
al que todo mi bien quitarme puede;
que pues el bien le dejo,
no es mucho que lugar también le quede

    Aquí dio fin a su canta Salicio,
y suspirando en el postrero acento,
soltó de llanto una profunda vena
Queriendo el monte al grave sentimiento
de aquel dolor en algo ser propicio,
con el pesada voz retumba y suena

La blanda Filomena,
casi como dolida
y a compasión movida,
dulcemente responde al son lloroso
Lo que cantó tras esto Nemoroso
decidlo vos, Pierides, que tanto
no puedo yo ni oso,
que siento enflaquecer mi débil canto

Nemoroso   Corrientes aguas, puras, cristalinas,
árboles que os estáis mirando en ellas,
verde prado de fresca sombra lleno,
aves que aquí sembráis vuestras querellas,
hiedra que por los árboles caminas,
torciendo el paso por su verde seno;
yo me vi tan ajeno
del grave mal que siento,
que de puro contento
con vuestra soledad me recreaba,
donde con dulce sueño reposaba,
o con el pensamiento discurría
por donde no hallaba
sino memorias llenas de alegría;
   y en este mismo valle, donde agora
me entristezco y me canso, en el reposo
estuve ya contento y descansado
¡Oh bien caduco, vano y presuroso!
Acuérdome durmiendo aquí algún hora
que, despertando, a Elisa[1] vi a mi lado
¡Oh miserable hado!
¡Oh tela delicada,
antes de tiempo dada
a los agudos filos de la muerte!

---
1   Elisa es en el imaginario de Garcilaso la dama portuguesa Isabel Freyre.

Mas convenible fuera aquesta suerte
a los cansados años de mi vida,
que es más que el hierro fuerte,
pues no la ha quebrantado tu partida
   ¿Do están agora aquellos claros ojos
que llevaban tras sí como colgada
mi ánima por doquier que se volvían?
¿Do está la blanca mano delicada,
llena de vencimientos y despojos
que de mí mis sentidos le ofrecían?
Los cabellos que vían
con gran desprecio al oro
como a menor tesoro,
¿adónde están? ¿Adónde el blanco pecho?
¿Do la columna que al dorado techo
con presunción graciosa sostenía?
Aquesto todo agora ya se encierra,
por desventura mía,
en la fría, desierta y dura tierra
   ¿Quién me dijera, Elisa, vida mía,
cuando en aqueste valle el fresco viento
andábamos cogiendo tiernas flores
que había de ver con largo apartamiento
venir el triste y solitario día
que diese amargo fin a mis amores?
El cielo en mis dolores
cargó la mano tanto,
que a sempiterno llanto
y a triste soledad me ha condenado;
y lo que siento más es verme atado
a la pesada vida y enojosa,
solo, desamparado,
ciego sin lumbre en cárcel tenebrosa
   Después que nos dejaste, nunca pace

en hartura el ganado ya, ni acude
el campo al labrador con mano llena
No hay bien que en mal no se convierta y mude;
la mala yerba al trigo ahoga, y nace
en lugar suyo la infelice avena;
la tierra, que de buena
gana nos producía
flores con que solía
quitar en solo vellas mis enojos,
produce agora en cambio estos abrojos,
ya de rigor de espinas intratable;
y yo hago con mis ojos
crecer, llorando, el fruto miserable

   Como al partir el Sol la sombra crece,
y en cayendo su rayo se levanta
la negra oscuridad que el mundo cubre,
de do viene el temor que nos espanta,
y la medrosa forma en que se ofrece
aquello que la noche nos encubre,
hasta que el Sol descubre
su luz pura y hermosa;
tal es la tenebrosa
noche de tu partir, en que he quedado
de sombra y de temor atormentado,
hasta que muerte el tiempo determine
que a ver el deseado
Sol de tu clara vista me encamine

   Cual suele el ruiseñor con triste canto
quejarse, entre las hojas escondido,
del duro labrador, que cautamente
le despojó su caro y dulce nido
de los tiernos hijuelos entretanto
que del amado ramo estaba ausente
y aquel dolor que siente,

con diferencia tanta,
por la dulce garganta
despide, y a su canto el aire suena,
y la callada noche no refrena
su lamentable oficio y sus querellas
trayendo de su pena
al cielo por testigo y las estrellas;
    desta manera suelto yo la rienda
a mi dolor, y así me quejo en vano
de la dureza de la muerte airada
Ella en mi corazón metió la mano,
y de allí me llevó mi dulce prenda,
que aquél era su nido y su morada
¡Ay, muerte arrebatada!
Por ti me estoy quejando
al cielo y enojando
con importuno llanto al mundo todo:
tan desigual dolor no sufre modo
No me podrán quitar el dolorido
sentir, si ya del todo
primero no me quitan el sentido
    Una parte guardé de tus cabellos,
Elisa, envueltos en un blanco paño,
que nunca de mi seno se me apartan:
descójolos, y de un dolor tamaño
enternecerme siento, que sobre ellos
nunca mis ojos de llorar se hartan
Sin que de allí se partan,
con suspiros calientes,
más que la llama ardientes,
los enjugo del llanto, y de consuno
casi los paso y cuento uno a uno,
juntándolos, con un cordón los ato
Tras esto el importuno

dolor me deja descansar un rato
    Mas luego a la memoria se me ofrece
aquella noche tenebrosa, oscura,
que siempre aflige esta ánima mezquina
con la memoria de mi desventura
Verte presente agora me parece
en aquel duro trance de Lucina,
y aquella voz divina,
con cuyo son y acentos
a los airados vientos
pudieras amansar, que agora es muda,
me parece que oigo que a la cruda,
inexorable diosa, demandabas
en aquel paso ayuda;
y tú, rústica diosa, ¿dónde estabas?
    ¿Ibate tanto en perseguir las fieras?
¿Ibate tanto en un pastor dormido?
¿Cosa pudo bastar a tal crudeza
que, conmovida a compasión, oído
a los votos y lágrimas no dieras
para no ver hecha tierra tal belleza,
o no ver la tristeza
en que tu Nemoroso
queda, que su reposo
era seguir tu oficio, persiguiendo
las fieras por los montes y ofreciendo
a tus sagradas aras los despojos?
¿Y tú, ingrata, riendo
dejas morir mi bien ante mis ojos?

    Divina Elisa, pues agora el cielo
con inmortales pies pisas y mides,
y su mudanza ves, estando queda,
¿por qué de mí te olvidas y no pides

que se apresure el tiempo en que este velo
rompa el cuerpo, y verme libre pueda,
y en la tercera rueda
contigo mano a mano
busquemos otro llano,
busquemos otros montes y otros ríos,
otros valles floridos y sombríos,
donde descanse y siempre pueda verte,
ante los ojos míos,
sin miedo y sobresalto de perderte?
   Nunca pusieran fin al triste lloro
los pastores, ni fueran acabadas
las canciones que solo el monte oía,
si mirando las nubes coloradas,
al transmontar del Sol bordadas de oro,
no vieran que era ya pasado el día
La sombra se veía
venir corriendo apriesa
ya por la falda espesa
del altísimo monte, y recordando
ambos como de sueño, y acabando
el fugitivo Sol, de luz escaso,
su ganado llevando,
se fueron recogiendo paso a paso

Égloga II

Albanio
En medio del invierno está templada
el agua dulce desta clara fuente,
y en el verano más que nieve helada
¡Oh claras ondas, cómo veo presente,
en viéndoos, la memoria d'aquel día
de que el alma temblar y arder se siente!
En vuestra claridad vi mi alegría
oscurecerse toda y enturbiarse;
cuando os cobré, perdí mi compañía
¿A quién pudiera igual tormento darse,
que con lo que descansa otro afligido
venga mi corazón a atormentarse?
El dulce murmurar deste ruido,
el mover de los árboles al viento,
el suave olor del prado florecido
podrían tornar d'enfermo y descontento
cualquier pastor del mundo alegre y sano;
yo solo en tanto bien morir me siento
¡Oh hermosura sobre'l ser humano,
oh claros ojos, oh cabellos d'oro,
oh cuello de marfil, oh blanca mano!,
¿cómo puede ora ser qu'en triste lloro
se convirtiese tan alegre vida
y en tal pobreza todo mi tesoro?
Quiero mudar lugar y a la partida
quizá me dejará parte del daño
que tiene el alma casi consumida
¡Cuán vano imaginar, cuán claro engaño
es darme yo a entender que con partirme,
de mí s'ha de partir un mal tamaño!
¡Ay miembros fatigados, y cuán firme
es el dolor que os cansa y enflaquece!

¡Oh, si pudiese un rato aquí adormirme!
    Al que, velando, el bien nunca s'ofrece,
quizá qu'el sueño le dará, durmiendo,
algún placer que presto desparece;
en tus manos ¡oh sueño! m'encomiendo

Salicio   ¡Cuán bienaventurado
            aquél puede llamarse
que con la dulce soledad s'abraza,
            y vive descuidado
            y lejos d'empacharse
en lo que al alma impide y embaraza!
            No ve la llena plaza
            ni la soberbia puerta
            de los grandes señores,
            ni los aduladores
a quien la hambre del favor despierta;
            no le será forzoso
rogar, fingir, temer y estar quejoso
            A la sombra holgando
            d'un alto pino o robre
o d'alguna robusta y verde encina,
            el ganado contando
            de su manada pobre
que en la verde selva s'avecina,
            plata cendrada y fina
            y oro luciente y puro
            bajo y vil le parece,
            y tanto lo aborrece
que aun no piensa que dello está seguro,
            y como está en su seso,
rehuye la cerviz del grave peso
            Convida a un dulce sueño
            aquel manso ruido

del agua que la clara fuente envía,
    y las aves sin dueño,
    con canto no aprendido,
hinchen el aire de dulce armonía
    Háceles compañía,
    a la sombra volando
    y entre varios olores
    gustando tiernas flores,
la solícita abeja susurrando;
    los árboles, el viento
al sueño ayudan con su movimiento,
    ¿Quién duerme aquí? ¿Dó está que no le veo?
¡Oh, hele allí! ¡Dichoso tú, que aflojas
la cuerda al pensamiento o al deseo!
    ¡Oh natura, cuán pocas obras cojas
en el mundo son hechas por tu mano,
creciendo el bien, menguando las congojas!
    El sueño diste al corazón humano
para que, al despertar, más s'alegrase
del estado gozoso, alegre o sano,
    que como si de nuevo le hallase,
hace aquel intervalo que ha pasado
qu'el nuevo gusto nunca al fin se pase;
    y al que de pensamiento fatigado
el sueño baña con licor piadoso,
curando el corazón despedazado,
    aquel breve descanso, aquel reposo
basta para cobrar de nuevo aliento
con que se pase el curso trabajoso
    Llegarme quiero cerca con buen tiento
y ver, si de mí fuere conocido,
si es del número triste o del contento
    Albanio es este que está 'quí dormido,
o yo conozco mal; Albanio es, cierto

Duerme, garzón cansado y afligido
    ¡Por cuán mejor librado tengo un muerto,
que acaba'l curso de la vida humana
y es conducido a más seguro puerto,
    qu'el que, viviendo acá, de vida ufana
y d'estado gozoso, noble y alto
es derrocado de fortuna insana!
    Dicen qu'este mancebo dio un gran salto,
que d'amorosos bienes fue abundante,
y agora es pobre, miserable y falto;
    no sé la historia bien, mas quien delante
se halló al duelo me contó algún poco
del grave caso deste pobre amante

Albanio   ¿Es esto sueño, o ciertamente toco
la blanca mano? ¡Ah, sueño, estás burlando!
Yo estábate creyendo como loco
    ¡Oh cuitado de mi! Tú vas volando
con prestas alas por la ebúrnea puerta;
yo quédome tendido aquí llorando
    ¿No basta el grave mal en que despierta
el alma vive, o por mejor decillo,
está muriendo d'una vida incierta?

Salicio   Albanio, deja el llanto, qu'en oíllo
me aflijo

Albanio   ¿Quién presente 'stá a mi duelo?

Salicio   Aquí está quien t'ayudará a sentillo

Albanio   ¿Aquí estás tú, Salicio? Gran consuelo
me fuera en cualquier mal tu compañía,
mas tengo en esto por contrario el cielo

Salicio	Parte de tu trabajo ya m'había
contado Galafrón, que fue presente
en aqueste lugar el mismo día,
	mas no supo decir del accidente
la causa principal, bien que pensaba
que era mal que decir no se consiente;
	y a la sazón en la ciudad yo estaba,
como tú sabes bien, aparejando
aquel largo camino que esperaba,
	y esto que digo me contaron cuando
torné a volver; mas yo te ruego ahora,
si esto no es enojoso que demando,
	que particularmente el punto y hora,
la causa, el daño cuentes y el proceso,
que'l mal, comunicándose, mejora

Albanio	Con un amigo tal, verdad es eso
cuando el mal sufre cura, mi Salicio,
mas éste ha penetrado hasta el hueso
	Verdad es que la vida y ejercicio
común y el amistad que a ti me ayunta
mandan que complacerte sea mi oficio;
	mas ¿qué haré?, qu'el alma ya barrunta
que quiero renovar en la memoria
la herida mortal d'aguda punta,
	y póneme delante aquella gloria
pasada y la presente desventura
para espantarme de la horrible historia
	Por otra parte, pienso qu'es cordura
renovar tanto el mal que m'atormenta
que a morir venga de tristeza pura,
	y por esto, Salicio, entera cuenta
te daré de mi mal como pudiere,

aunque el alma rehuya y no consienta
　　Quise bien, y querré mientras rigiere
aquestos miembros el espíritu mío,
aquélla por quien muero, si muriere
　　En este amor no entré por desvarío,
ni lo traté, como otros, con engaños,
ni fue por elección de mi albedrío:
　　desde mis tiernos y primeros años
a aquella parte m'enclinó mi estrella
y aquel fiero destino de mis daños
　　Tú conociste bien una doncella
de mi sangre y agüelos descendida,
más que la misma hermosura bella;
　　en su verde niñez siendo ofrecida
por montes y por selvas a Diana,
ejercitaba allí su edad florida
　　Yo, que desde la noche a la mañana
y del un Sol al otro sin cansarme
seguía la caza con estudio y gana,
　　por deudo y ejercicio a conformarme
vine con ella en tal domestiqueza
que della un punto no sabia apartarme;
　　iba de un hora en otra la estrecheza
haciéndose mayor, acompañada
de un amor sano y lleno de pureza
　　¿Qué montaña dejó de ser pisada
de nuestros pies? ¿Qué bosque o selva umbrosa
no fue de nuestra caza fatigada?
　　Siempre con mano larga y abundosa,
con parte de la caza visitando
el sacro altar de nuestra santa diosa,
　　la colmilluda testa ora llevando
del puerco jabalí, cerdoso y fiero,
del peligro pasado razonando,

      ora clavando del ciervo ligero
en algún sacro pino los ganchosos
cuernos, con puro corazón sincero,
      tornábamos contentos y gozosos,
y al disponer de lo que nos quedaba,
jamás me acuerdo de quedar quejosos
      Cualquiera caza a entrambos agradaba,
pero la de las simples avecillas
menos trabajo y más placer nos daba
      En mostrando el aurora sus mejillas
de rosa y sus cabellos d'oro fino,
humedeciendo ya las florecillas,
      nosotros, yendo fuera de camino,
buscábamos un valle, el más secreto
y de conversación menos vecino
      Aquí, con una red de muy perfeto
verde teñida, aquel valle atajábamos
muy sin rumor, con paso muy quieto;
      de dos árboles altos la colgábamos,
y habiéndonos un poco lejos ido,
hacia la red armada nos tornábamos,
      y por lo más espeso y escondido
los árboles y matas sacudiendo,
turbábamos el valle con ruido
      Zorzales, tordos, mirlas, que temiendo,
delante de nosotros espantados,
del peligro menor iban huyendo,
      daban en el mayor, desatinados,
quedando en la sutil red engañosa
confusamente todos enredados
      Y entonces era vellos una cosa
extraña y agradable, dando gritos
y con voz lamentándose quejosa;
      algunos dellos, que eran infinitos,

su libertad buscaban revolando;
otros estaban míseros y aflitos
   Al fin, las cuerdas de la red tirando,
llevábamosla juntos casi llena,
la caza a cuestas y la red cargando
   Cuando el húmido otoño ya refrena
del seco estío el gran calor ardiente
y va faltando sombra a Filomena,
   con otra caza, d'ésta diferente
aunque también de vida ocioso y blanda,
pasábamos el tiempo alegremente
   Entonces siempre, como sabes, anda
d'estorninos volando a cada parte,
acá y allá, la espesa y negra banda;
   y cierto aquesto es cosa de contarte,
cómo con los que andaban por el viento
usábamos también astucia y arte
   Uno vivo, primero, d'aquel cuento
tomábamos, y en esto sin fatiga
era cumplido luego nuestro intento;
   al pie del cual un hilo untado en liga
atando, le soltábamos al punto
que vía volar aquella banda amiga;
   apenas era suelto cuando junto
estaba con los otros y mezclado,
secutando el efeto de su asunto:
   a cuantos era el hilo enmarañado
por alas o por pies o por cabeza,
todos venían al suelo mal su grado
   Andaban forcejando una gran pieza,
a su pesar y a mucho placer nuestro,
que así d'un mal ajeno bien s'empieza
   Acuérdaseme agora qu'el siniestro
canto de la corneja y el agüero

para escaparse no le fue maestro
    Cuando una dellas, como es muy ligero,
a nuestras manos viva nos venía,
era prisión de más d'un prisionero;
    la cual a un llano grande yo traía
adó muchas cornejas andar juntas,
o por el suelo o por el aire, vía;
    clavándola en la tierra por las puntas
extremas de las alas, sin rompellas,
seguíase lo que apenas tú barruntas
    Parecía que mirando las estrellas,
clavada boca arriba en aquel suelo,
estaba a contemplar el curso dellas;
    d'allí nos alejábamos, y el cielo
rompía con gritos ella y convocaba
de las cornejas el superno vuelo;
    en un solo momento s'ajuntaba
una gran muchedumbre presurosa
a socorrer la que en el suelo estaba
    Cercábanla, y alguna, más piadosa
del mal ajeno de la compañera
que del suyo avisada o temerosa,
    llegábase muy cerca, y la primera
qu'esto hacia pagaba su inocencia
con prisión o con muerte lastimera:
    con tal fuerza la presa, y tal violencia,
s'engarrafaba de la que venía
que no se despidiera sin licencia
    Ya puedes ver cuán gran placer sería
ver, d'una por soltarse y desasirse,
d'otra por socorrerse, la porfía;
    al fin la fiera lucha a despartirse
venia por nuestra mano, y la cuitada
del bien hecho empezaba a arrepentirse

¿Qué me dirás si con su mano alzada,
haciendo la nocturna centinela,
la grulla de nosotros fue engañada?
  No aprovechaba al ánsar la cautela
ni ser siempre sagaz descubridora
de nocturnos engaños con su vela,
  ni al blanco cisne qu'en las aguas mora
por no morir como Faetón en fuego,
del cual el triste caso canta y llora
  Y tú, perdiz cuitada, ¿piensas luego
que en huyendo del techo estás segura?
En el campo turbamos tu sosiego
  A ningún ave o animal natura
dotó de tanta astucia que no fuese
vencido al fin de nuestra astucia pura
  Si por menudo de contar t'hubiese
d'aquesta vida cada partecilla,
temo que antes del fin anocheciese;
  basta saber que aquesta tan sencilla
y tan pura amistad quiso mi hado
en diferente especie convertilla,
  en un amor tan fuerte y tan sobrado
y en un desasosiego no creíble
tal que no me conozco de trocado
  El placer de miralla con terrible
y fiero desear sentí mezclarse,
que siempre me llevaba a lo imposible;
  la pena de su ausencia vi mudarse,
no en pena, no en congoja, en cruda muerte
y en un infierno el alma atormentarse
  A aqueste 'stado, en fin, mi dura suerte
me trujo poco a poco, y no pensara
que contra mí pudiera ser más fuerte
  si con mi grave daño no probara

que en comparación d'ésta, aquella vida
cualquiera por descanso la juzgara
  Ser debe aquesta historia aborrecida
de tus orejas, ya que así atormenta
mi lengua y mi memoria entristecida;
  decir ya más no es bien que se consienta
Junto todo mi bien perdí en un hora,
y ésta es la suma, en fin, d'aquesta cuenta

Salicio Albanio, si tu mal comunicaras
con otro que pensaras   que tu pena
juzgaba como ajena,   o qu'este fuego
nunca probó ni el juego   peligroso
de que tú estás quejoso,   yo confieso
que fuera bueno aqueso   que ora haces;
mas si tú me deshaces   con tus quejas,
¿por qué agora me dejas   como a extraño,
sin dar daqueste daño   fin al cuento?
¿Piensas que tu tormento   como nuevo
escucho, y que no pruebo   por mi suerte
aquesta viva muerte   en las entrañas?
Si ni con todas mañas   o experiencia
esta grave dolencia   se deshecha,
al menos aprovecha,   yo te digo,
para que de un amigo   que adolezca
otro se condolezca,   que ha llegado
de bien acuchillado   a ser maestro
Así que, pues te muestro   abiertamente
que no estoy inocente   destos males,
que aun traigo las señales   de las llagas,
no es bien que tú te hagas   tan esquivo,
que mientras estás vivo,   ser podría
que por alguna vía   t'avisase,
o contigo llorase,   que no es malo

											tener al pie del palo quien se duela
											del mal, y sin cautela t'aconseje

Albanio			Tú quieres que forceje y que contraste
								con quien al fin no baste a derrocalle
								Amor quiere que calle; yo no puedo
								mover el paso un dedo sin gran mengua;
								él tiene de mi lengua el movimiento,
								así que no me siento ser bastante

Salicio			¿Qué te pone delante que t'empida
								el descubrir tu vida al que aliviarte
								del mal alguna parte cierto espera?

Albanio			Amor quiere que muera sin reparo,
								y conociendo claro que bastaba
								lo que yo descansaba en este llanto
								contigo a que entretanto m'aliviase
								y aquel tiempo probase a sostenerme,
								por más presto perderme, como injusto,
								me ha ya quitado el gusto que tenía
								de echar la pena mía por la boca,
								así que ya no toca nada dello
								a ti querer sabello, ni contallo
								a quien solo pasallo le conviene,
								y muerte sola por alivio tiene

Salicio				¿Quién es contra su ser tan inhumano
								que al enemigo entrega su despojo
								y pone su poder en otra mano?
									¿Cómo, y no tienes algún hora enojo
								de ver que amor tu misma lengua ataje
								o la desate por su solo antojo?

Albanio	Salicio amigo, cese este lenguaje;
	cierra tu boca y más aquí no la abras;
	yo siento mi dolor, y tú mi ultraje
	¿Para qué son magníficas palabras?
	¿Quién te hizo filósofo elocuente,
	siendo pastor d'ovejas y de cabras?
	¡Oh cuitado de mí, cuán fácilmente,
	con expedida lengua y rigurosa,
	el sano da consejos al doliente!
Salicio	No te aconsejo yo ni digo cosa
	para que debas tú por ella darme
	respuesta tan aceda y tan odiosa;
	ruégote que tu mal quieras contarme
	porque d'él pueda tanto entristecerme
	cuanto suelo del bien tuyo alegrarme
Albanio	Pues ya de ti no puedo defenderme,
	yo tornaré a mi cuento cuando hayas
	prometido una gracia concederme,
	y es que en oyendo el fin, luego te vayas
	y me dejes llorar mi desventura
	entr'estos pinos solo y estas hayas
Salicio	Aunque pedir tú eso no es cordura,
	yo seré dulce más que sano amigo
	y daré buen lugar a tu tristura
Albanio	Ora, Salicio, escucha lo que digo,
	y vos, ¡oh ninfas deste bosque umbroso!,
	adoquiera que estáis, estad conmigo
	Ya te conté el estado tan dichoso
	adó me puso amor, si en él yo firme
	pudiera sostenerme con reposo;

    mas como de callar y d'encubrirme
d'aquélla por quien vivo m'encendía
llegué ya casi al punto de morirme,
    mil veces ella preguntó qué había
y me rogó que el mal le descubriese
que mi rostro y color le descubría;
    mas no acabó, con cuanto me dijiese,
que de mí a su pregunta otra respuesta
que un suspiro con lágrimas hubiese
    Aconteció que en un' ardiente siesta,
viniendo de la caza fatigados
en el mejor lugar desta floresta,
    qu'es éste donde 'stamos asentados,
a la sombra d'un árbol aflojamos
las cuerdas a los arcos trabajados;
    en aquel prado allí nos reclinamos,
y del Céfiro fresco recogiendo
el agradable espíritu, respiramos
    Las flores, a los ojos ofreciendo
diversidad extraña de pintura,
diversamente así estaban oliendo;
    y en medio aquesta fuente clara y pura,
que como de cristal resplandecía,
mostrando abiertamente su hondura,
    el arena, que d'oro parecía,
de blancas pedrezuelas variada,
por do manaba el agua, se bullía
    En derredor, ni sola una pisada
de fiera o de pastor o de ganado
a la sazón estaba señalada
    Después que con el agua resfriado
hubimos el calor y juntamente
la sed de todo punto mitigado,
    ella, que con cuidado diligente

a conocer mi mal tenía el intento
y a escudriñar el ánimo doliente,
    con nuevo ruego y firme juramento
me conjuró y rogó que le contase
la causa de mi grave pensamiento,
    y si era amor, que no me recelase
de hacelle mi caso manifiesto
y demostralle aquella que yo amase;
    que me juraba que también en esto
el verdadero amor que me tenía
con pura voluntad estaba presto.
    Yo, que tanto callar ya no podía
y claro descubrir menos osara
lo que en el alma triste se sentía,
    le dije que en aquella fuente clara
vería d'aquella que yo tanto amaba
abiertamente la hermosa cara;
    ella, que ver aquésta deseaba,
con menos diligencia discurriendo
d'aquélla con qu'el paso apresuraba,
    a la pura fontana fue corriendo,
y en viendo el agua, toda fue alterada,
en ella su figura sola viendo;
    y no de otra manera arrebatada
del agua rehuyó que si estuviera
de la rabiosa enfermedad tocada,
    y sin mirarme, desdeñosa y fiera,
no sé qué allá entre dientes murmurando,
me dejó aquí, y aquí quiere que muera.
    Quedé yo triste y solo allí, culpando
mi temerario osar, mi desvarío,
la pérdida del bien considerando;
    creció de tal manera el dolor mío
y de mi loco error el desconsuelo

que hice de mis lágrimas un río
    Fijos los ojos en el alto cielo,
estuve boca arriba una gran pieza
tendido, sin mudarme en este suelo;
    y como d'un dolor otro s'empieza,
el largo llanto, el desvanecimiento,
el vano imaginar de la cabeza,
    de mi gran culpa aquel remordimiento,
verme del todo, al fin, sin esperanza
me trastornaron casi el sentimiento
    .Cómo deste lugar hice mudanza
no sé, ni quién d'aquí me condujiese
al triste albergue y a mi pobre estanza;
    sé que tornando en mí, como estuviese
sin comer y dormir bien cuatro días
y sin que el cuerpo de un lugar moviese,
    las ya desmamparadas vacas mías
por otro tanto tiempo no gustaron
las verdes hierbas ni las aguas frías;
    los pequeños hijuelos, que hallaron
las tetas secas ya de las hambrientas
madres, bramando al cielo se quejaron;
    las selvas, a su voz también atentas,
bramando pareció que respondían,
condolidas del daño y descontentas
    Aquestas cosas nada me movían;
antes, con mi llorar, hacia espantados
todos cuantos a verme allí venían
    Vinieron los pastores de ganados,
vinieron de los sotos los vaqueros
para ser de mi mal de mí informados;
    y todos con los gestos lastimeros
me preguntaban cuáles habían sido
los accidentes de mi mal primeros;

  a los cuales, en tierra yo tendido,
ninguna otra respuesta dar sabía,
rompiendo con sollozos mi gemido,
  sino de rato en rato les decía:
«Vosotros, los de Tajo, en su ribera
cantaréis la mi muerte cada día;
  este descanso llevaré, aunque muera,
que cada día cantaréis mi muerte,
vosotros, los de Tajo, en su ribera.»
  La quinta noche, en fin, mi cruda suerte,
queriéndome llevar do se rompiese
aquesta tela de la vida fuerte,
  hizo que de mi choza me saliese
por el silencio de la noche 'scura
a buscar un lugar donde muriese,
  y caminando por do mi ventura
y mis enfermos pies me condujeron,
llegué a un barranco de muy gran altura;
  luego mis ojos le reconocieron,
que pende sobre'l agua, y su cimiento
las ondas poco a poco le comieron.
  Al pie d'un olmo hice allí mi asiento,
y acuérdome que ya con ella estuve
pasando allí la siesta al fresco viento;
  en aquesta memoria me detuve
como si aquésta fuera medicina
de mi furor y cuanto mal sostuve.
  Denunciaba el aurora ya vecina
la venida del Sol resplandeciente,
a quien la tierra, a quien la mar s'enclina;
  entonces, como cuando el cisne siente
el ansia postrimera que l'aqueja
y tienta el cuerpo mísero y doliente,
con triste y lamentable son se queja

y se despide con funesto canto
del espíritu vital que d'él s'aleja:
    así aquejado yo de dolor tanto
que el alma abandonaba ya la humana
carne, solté la rienda al triste llanto:
    «¡Oh fiera —dije—, más que tigre hircana
y más sorda a mis quejas qu'el ruido
embravecido de la mar insana,
    heme entregado, heme aquí rendido,
he aquí que vences; toma los despojos
de un cuerpo miserable y afligido!
    Yo porné fin del todo a mis enojos;
ya no te ofenderá mi rostro triste,
mi temerosa voz y húmidos ojos;
    quizá tú, qu'en mi vida no moviste
el paso a consolarme en tal estado
ni tu dureza cruda enterneciste,
    viendo mi cuerpo aquí desamparado,
vernás a arrepentirte y lastimarte,
mas tu socorro tarde habrá llegado
    ¿Cómo pudiste tan presto olvidarte
d'aquel tan luengo amor, y de sus ciegos
ñudos en sola un hora desligarte?
    ¿No se te acuerda de los dulces juegos
ya de nuestra niñez, que fueron leña
destos dañosos y encendidos fuegos,
    cuando la encina desta espesa breña
de sus bellotas dulces despojaba,
que íbamos a comer sobr'esta peña?
    ¿Quién las castañas tiernas derrocaba
del árbol, al subir dificultoso?
¿Quién en su limpia falda las llevaba?
    ¿Cuándo en valle florido, espeso, umbroso
metí jamás el pie que d'él no fuese

cargado a ti de flores y oloroso?
   Jurábasme, si ausente yo estuviese,
que ni el agua sabor ni olor la rosa
ni el prado hierba para ti tuviese
   ¿A quién me quejo?, que no escucha cosa
de cuantas digo quien debría escucharme
Eco sola me muestra ser piadosa;
   respondiéndome, prueba conhortarme
como quien probó mal tan importuno,
mas no quiere mostrarse y consolarme
   ¡Oh dioses, si allá juntos de consuno,
de los amantes el cuidado os toca;
o tú solo, si toca a solo uno!,
   recibid las palabras que la boca
echa con la doliente ánima fuera,
antes qu'el cuerpo torne en tierra poca
   ¡Oh náyades, d'aquesta mi ribera
corriente moradoras; oh napeas,
guarda del verde bosque verdadera!,
   alce una de vosotras, blancas deas,
del agua su cabeza rubia un poco,
así, ninfa, jamás en tal te veas;
   podré decir que con mis quejas toco
las divinas orejas, no pudiendo
las humanas tocar, cuerdo ni loco
   ¡Oh hermosas oreadas que, teniendo
el gobierno de selvas y montañas,
a caza andáis, por ellas discurriendo!,
   dejad de perseguir las alimañas,
venid a ver un hombre perseguido,
a quien no valen fuerzas ya ni mañas
   ¡Oh dríadas, d'amor hermoso nido,
dulces y graciosísimas doncellas
que a la tarde salís de lo escondido,

    con los cabellos rubios que las bellas
espaldas dejan d'oro cobijadas!,
parad mientes un rato a mis querellas,
    y si con mi ventura conjuradas
no estáis, haced que sean las ocasiones
de mi muerte aquí siempre celebradas
    ¡Oh lobos, oh osos, que por los rincones
destas fieras cavernas escondidos
estáis oyendo agora mis razones!,
    quedaos a Dios, que ya vuestros oídos
de mi zampoña fueron halagados
y alguna vez d'amor enternecidos
    Adiós, montañas; adiós, verdes prados;
adiós, corrientes ríos espumosos:
vivid sin mí con siglos prolongados,
    y mientras en el curso presurosos
iréis al mar a dalle su tributo,
corriendo por los valles pedregosos,
    haced que aquí se muestre triste luto
por quien, viviendo alegre, os alegraba
con agradable son y viso enjuto,
    por quien aquí sus vacas abrevaba,
por quien, ramos de lauro entretejendo,
aquí sus fuertes toros coronaba.»
    Estas palabras tales en diciendo,
en pie m'alcé por dar ya fin al duro
dolor que en vida estaba padeciendo,
    y por el paso en que me ves te juro
que ya me iba a arrojar de do te cuento,
con paso largo y corazón seguro,
    cuando una fuerza súbita de viento
vino con tal furor que d'una sierra
pudiera remover el firme asiento
    De espaldas, como atónito, en la tierra

  desde ha gran rato me hallé tendido,
que así se halla siempre aquel que yerra
   Con más sano discurso en mi sentido
comencé de culpar el presupuesto
y temerario error que había seguido
   en querer dar, con triste muerte, al resto
d'aquesta breve vida fin amargo,
no siendo por los hados aun dispuesto
   D'allí me fui con corazón más largo
para esperar la muerte cuando venga
a relevarme deste grave cargo
   Bien has ya visto cuánto me convenga,
que pues buscalla a mí no se consiente,
ella en buscarme a mí no se detenga
   Contado t'he la causa, el accidente,
el daño y el proceso todo entero;
cúmpleme tu promesa prestamente,
   y si mi amigo cierto y verdadero
eres, como yo pienso, vete agora;
no estorbes con dolor acerbo y fiero
al afligido y triste cuando llora

Salicio   Tratara de una parte
  que agora solo siento,
si no pensaras que era dar consuelo:
  quisiera preguntarte
  cómo tu pensamiento
se derribó tan presto en ese suelo,
  o se cubrió de un velo,
  para que no mirase
que quien tan luengamente
amó, no se consiente
que tan presto del todo t'olvidase
  ¿Qué sabes si ella agora

                    juntamente su mal y el tuyo llora?

Albanio   Cese ya el artificio
                de la maestra mano;
            no me hagas pasar tan grave pena
                Harásme tú, Salicio,
                ir do nunca pie humano
            estampó su pisada en el arena
                Ella está tan ajena
                d'estar desa manera
                como tú de pensallo,
                aunque quieres mostrallo
            con razón aparente a verdadera;
                ejercita aquí el arte
            a solas, que yo voyme en otra parte

Salicio   No es tiempo de curalle
                hasta que menos tema
            la cura del maestro y su crueza;
                solo quiero dejalle,
                que aun está la postema
            intratable, a mi ver, por su dureza;
                quebrante la braveza
                del pecho empedernido
                con largo y tierno llanto
                Iréme yo entretanto
            a requerir d'un ruiseñor el nido,
                que está en un alta encina
            y estará presto en manos de Gravina

Camila   Si desta tierra no he perdido el tino,
            por aquí el corzo vino   que ha traído,
            después que fue herido,   atrás el viento
            ¡Qué recio movimiento   en la corrida

lleva, de tal herida   lastimado!
En el siniestro lado   soterrada,
la flecha enherbolada   iba mostrando,
las plumas blanqueando   solas fuera,
y háceme que muera   con buscalle
No paso deste valle;   aquí está cierto,
y por ventura muerto.   ¡Quién me diese
alguno que siguiese   el rastro agora,
mientras la herviente hora   de la siesta
en aquesta floresta   yo descanso!
¡Ay, viento fresco y manso   y amoroso,
almo, dulce, sabroso!,   esfuerza, esfuerza
tu soplo, y esta fuerza   tan caliente
del alto Sol ardiente   ora quebranta,
que ya la tierna planta   del pie mío
anda a buscar el frío   desta hierba
A los hombres reserva   tú, Diana,
en esta siesta insana,   tu ejercicio;
por agora tu oficio   desamparo,
que me ha costado caro   en este día
¡Ay dulce fuente mía,   y de cuán alto
con solo un sobresalto   m'arrojaste!
¿Sabes que me quitaste,   fuente clara,
los ojos de la cara?,   que no quiero
menos un compañero   que yo amaba,
mas no como él pensaba.   ¡Dios ya quiera
que antes Camila muera   que padezca
culpa por do merezca   ser echada
de la selva sagrada   de Diana!
¡Oh cuán de mala gana   mi memoria
renueva aquesta historia!   Mas la culpa
ajena me disculpa,   que si fuera
yo la causa primera   desta ausencia,
yo diera la sentencia   en mi contrario;

        él fue muy voluntario   y sin respeto
Mas ¿para qué me meto   en esta cuenta?
Quiero vivir contenta   y olvidallo
y aquí donde me hallo   recrearme;
aquí quiero acostarme,   y en cayendo
la siesta, iré siguiendo   mi corcillo,
que yo me maravillo   ya y m'espanto
cómo con tal herida   huyó tanto

Albanio   Si mi turbada vista no me miente,
paréceme que vi entre rama y rama
una ninfa llegar a aquella fuente
     Quiero llegar allá: quizá si ella ama,
me dirá alguna cosa con que engañe,
con algún falso alivio, aquesta llama
     Y no se me da nada que desbañe
mi alma si es contrario a lo que creo,
que a quien no espera bien, no hay mal que dañe
     ¡Oh santos dioses!, ¿qué's esto que veo?
¿Es error dc fantasma convertida
en forma de mi amor y mi deseo?
     Camila es ésta que está aquí dormida;
no puede d'otra ser su hermosura
La razón está clara y conocida:
     una obra sola quiso la natura
hacer como ésta, y rompió luego apriesa
la estampa do fue hecha tal figura;
     ¿quién podrá luego de su forma expresa
el traslado sacar, si la maestra
misma no basta, y ella lo confiesa?
     Mas ya qu'es cierto el bien que a mí se muestra,
¿cómo podré llegar a despertalla,
temiendo yo la luz que a ella me adiestra?
     Si solamente de poder tocalla

perdiese el miedo yo... Mas ¿si despierta?
Si despierta, tenella y no soltalla
    Esta osadía temo que no es cierta
¿Qué me puede hacer? Quiero llegarme;
en fin, ella está agora como muerta
    Cabe ella por lo menos asentarme
bien puedo, mas no ya como solía..
¡Oh mano poderosa de matarme!,
    ¿viste cuánto tu fuerza en mí podía?
¿Por qué para sanarme no la pruebas?,
que su poder a todo bastaría

Camila	¡Socórreme, Diana!
Albanio	¡No te muevas, que no t'he de soltar; escucha un poco!
Camila	¿Quién me dijera, Albanio, tales nuevas? ¡Ninfas del verde bosque, a vos invoco; a vos pido socorro desta fuerza! ¿Qué es esto, Albanio? Dime si estás loco
Albanio	Locura debe ser la que me fuerza a querer más qu'el alma y que la vida a la que a aborrecerme a mí se 'sfuerza
Camila	Yo debo ser de ti l'aborrecida, pues me quieres tratar de tal manera, siendo tuya la culpa conocida
Albanio	¿Yo culpa contra ti? ¡Si la primera no está por cometer, Camila mía, en tu desgracia y disfavor yo muera!

Camila	¿Tú no violaste nuestra compañía, queriéndola torcer por el camino que de la vida honesta se desvía?
Albanio	¿Cómo, de sola una hora el desatino ha de perder mil años de servicio, si el arrepentimiento tras él vino?
Camila	Aquéste es de los hombres el oficio: tentar el mal, y si es malo el suceso, pedir con humildad perdón del vicio
Albanio	¿Qué tenté yo, Camila?
Camila	¡Bueno es eso! Esta fuente lo diga, que ha quedado por un testigo de tu mal proceso
Albanio	Si puede ser mi yerro castigado con muerte, con deshonra o con tormento, vesme aquí; estoy a todo aparejado
Camila	Suéltame ya la mano, que el aliento me falta de congoja
Albanio	He muy gran miedo que te me irás, que corres más qu'el viento
Camila	No estoy como solía, que no puedo moverme ya, de mal ejercitada; suelta, que casi m'has quebrado un dedo
Albanio	¿Estarás, si te suelto, sosegada, mientras con razón clara te demuestro

	que fuiste sin razón de mí enojada?
Camila	¡Eres tú de razones gran maestro! Suelta, que sí estaré
Albanio	Primero jura por la primera fe del amor nuestro
Camila	Yo juro por la ley sincera y pura del amistad pasada de sentarme y de 'scuchar tus quejas muy segura ¡Cuál me tienes la mano d'apretarme con esa dura mano, descreído!
Albanio	¡Cuál me tienes el alma de dejarme!
Camila	¡Mi prendedero d'oro, si es perdido! ¡Oh cuitada de mí, mi prendedero desde aquel valle aquí se m'ha caído!
Albanio	Mira no se cayese allá primero, antes d'aquéste, al val de la Ortiga
	Doquier que se perdió, buscalle quiero
Albanio	Yo iré a buscalle; excusa esta fatiga, que no puedo sufrir que aquesta arena abrase el blanco pie de mi enemiga
Camila	Pues ya quieres tomar por mí esta pena, derecho ve primero a aquellas hayas, que allí estuve yo echada un' hora buena
Albanio	Yo voy, mas entretanto no te vayas

Camila	Seguro ve, ¡que antes verás mi muerte que tú me cobres ni a tus manos hayas!
Albanio	¡Ah, ninfa desleal!, ¿y desa suerte se guarda el juramento que me diste? ¡Ah, condición de vida dura y fuerte! ¡Oh falso amor, de nuevo me hiciste revivir con un poco d'esperanza! ¡Oh modo de matar nojoso y triste! ¡Oh muerte llena de mortal tardanza, podré por ti llamar injusto el cielo, injusta su medida y su balanza! Recibe tú, terreno y duro suelo, este rebelde cuerpo que detiene del alma el expedido y presto vuelo; yo me daré la muerte, y aun si viene alguno a resistirme... ¿a resistirme?: ¡él verá que a su vida no conviene! ¿No puedo yo morir, no puedo irme por aquí, por allí, por do quisiere, desnudo espíritu o carne y hueso firme?
Salicio	Escucha, que algún mal hacerse quiere ¡Oh, cierto tiene trastornado el seso!
Albanio	¡Aquí tuviese yo quien mal me quiere! Descargado me siento d'un gran peso; paréceme que vuelo, despreciando monte, choza, ganado, leche y queso ¿No son aquéstos pies? Con ellos ando Ya caigo en ello: el cuerpo se m'ha ido; solo el espíritu es este que ora mando ¿Hale hurtado alguno o escondido

        mientras mirando estaba yo otra cosa?
        ¿O si quedó por caso allí dormido?
           Una figura de color de rosa
        estaba allí durmiendo: ¿si es aquélla
        mi cuerpo? No, que aquélla es muy hermosa

Nemoroso   ¡Gentil cabeza! No daría por ella
        yo para mi traer solo un cornado

Albanio   ¿A quién iré del hurto a dar querella?

Salicio   Extraño ejemplo es ver en qué ha parado
        este gentil mancebo, Nemoroso,
        ya a nosotros, que l'hemos más tratado,
           manso, cuerdo, agradable, virtuoso,
        sufrido, conversable, buen amigo,
        y con un alto ingenio, gran reposo

Albanio   ¡Yo podré poco o hallaré testigo
        de quién hurtó mi cuerpo! Aunque esté ausente,
        yo le perseguiré como a enemigo
           ¿Sabrásme decir d'él, mi clara fuente?
        Dímelo, si lo sabes: así Febo
        nunca tus frescas ondas escaliente
           Allá dentro en el fondo está un mancebo,
        de laurel coronado y en la mano
        un palo, propio como yo, d'acebo
           ¡Hola! ¿quién está 'llá? Responde, hermano
        ¡Válasme, Dios!, o tú eres sordo o mudo,
        o enemigo mortal del trato humano
           espíritu soy, de carne ya desnudo,
        que busco el cuerpo mío, que m'ha hurtado
        algún ladrón malvado, injusto y crudo
           Callar que callarás. ¿Hasme 'scuchado?

¡Oh santo Dios!, mi cuerpo mismo veo,
o yo tengo el sentido trastornado
   ¡Oh cuerpo, hete hallado y no lo creo!
¡Tanto sin ti me hallo descontento,
pon fin ya a tu destierro y mi deseo!

Nemoroso   Sospecho qu'el contino pensamiento
que tuvo de morir antes d'agora
le representa aqueste apartamiento

Salicio   Como del que velando siempre llora,
quedan, durmiendo, las especies llenas
del dolor que en el alma triste mora

Albanio   Si no estás en cadenas,   sal ya fuera
a darme verdadera   forma d'hombre,
que agora solo el nombre   m'ha quedado;
y si allá estás forzado   en ese suelo,
dímelo, que si al cielo   que me oyere
con quejas no moviere   y llanto tierno,
convocaré el infierno   y reino oscuro
y romperé su muro   de diamante,
como hizo el amante   blandamente
por la consorte ausente   que cantando
estuvo halagando   las culebras
de las hermanas negras,   mal peinadas

Nemoroso   ¡De cuán desvariadas   opiniones
saca buenas razones   el cuitado!

Salicio   El curso acostumbrado   del ingenio,
aunque le falte el genio   que lo mueva,
con la fuga que lleva   corre un poco,
y aunque éste está ora loco,   no por eso

	ha de dar al travieso su sentido,
	en todo habiendo sido cual tú sabes
Nemoroso	No más, no me le alabes, que por cierto
	como de velle muerto estoy llorando
Albanio	Estaba contemplando qué tormento
	es deste apartamiento lo que pienso
	No nos aparta inmenso mar airado,
	no torres de fosado rodeadas,
	no montañas cerradas y sin vía,
	no ajena compañía dulce y cara:
	un poco d'agua clara nos detiene
	Por ella no conviene lo que entramos
	con ansia deseamos, porque al punto
	que a ti me acerco y junto, no te apartas;
	antes nunca te hartas de mirarme
	y de significarme en tu meneo
	que tienes gran deseo de juntarte
	con esta media parte. Daca, hermano,
	écham' acá esa mano, y como buenos
	amigos a lo menos nos juntemos
	y aquí nos abracemos. ¡Ah, burlaste!
	¿Así te me 'scapaste? Yo te digo
	que no es obra d'amigo hacer eso;
	quedo yo, don travieso, remojado,
	¿y tú estás enojado? ¡Cuán apriesa
	mueves —¿qué cosa es esa?— tu figura!
	¿Aun esa desventura me quedaba?
	Ya yo me consolaba en ver serena
	tu imagen, y tan buena y amorosa;
	no hay bien ni alegre cosa ya que dure
Nemoroso	A lo menos, que cure tu cabeza

Salicio	Salgamos, que ya empieza un furor nuevo.
Albanio	¡Oh Dios! ¿por qué no pruebo a echarme dentro hasta llegar al centro de la fuente?
Salicio	¿Qué's esto, Albanio? ¡Tente!
Albanio	¡Oh manifiesto ladrón!, mas ¿qué's aquesto? ¡Es muy bueno vestiros de lo ajeno y ante'l dueño, como si fuese un leño sin sentido, venir muy revestido de mi carne! ¡Yo haré que descarne esa alma osada aquesta mano airada!
Salicio	¡Está quedo! ¡Llega tú, que no puedo detenelle!
Nemoroso	Pues ¿qué quieres hacelle?
Salicio	¿Yo? Dejalle, si desenclavijalle yo acabase la mano, a que escapase mi garganta
Nemoroso	No tiene fuerza tanta; solo puedes hacer tú lo que debes a quien eres
Salicio	¡Qué tiempo de placeres y de burlas! ¿Con la vida te burlas, Nemoroso? ¡Ven, ya no estés donoso!
Nemoroso	Luego vengo; en cuanto me detengo aquí un poco,

	veré cómo de un loco te desatas
Salicio	¡Ay, paso, que me matas!
Albanio	¡Aunque mueras!
Nemoroso	¡Ya aquello va de veras! ¡Suelta, loco!
Albanio	Déjame 'star un poco, que ya acabo
Nemoroso	¡Suelta ya!
Albanio	¿Qué te hago?
Nemoroso	¡A mí, no nada!
Albanio	Pues vete tu jornada, y no entiendas en aquestas contiendas
Salicio	¡Ah, furioso! Afierra, Nemoroso, y tenle fuerte ¡Yo te daré la muerte, don perdido! Ténmele tú tendido mientras l'ato Probemos así un rato a castigalle; quizá con espantalle habrá algún miedo
Albanio	Señores, si estoy quedo, ¿dejarésme?
Salicio	¡No!
Albanio	Pues ¿qué, matarésme?
Salicio	¡Sí!

Albanio   ¿Sin falta?
Mira cuánto más alta   aquella sierra
está que la otra tierra

Nemoroso   Bueno es esto;
él olvidará presto   la braveza

Salicio   ¡Calla, que así s'aveza   a tener seso!

Albanio   ¿Cómo, azotado y preso?

Salicio   ¡Calla, escucha!

Albanio   Negra fue aquella lucha   que contigo
hice, que tal castigo   dan tus manos
¿No éramos como hermanos   de primero?

Nemoroso   Albanio, compañero,   calla agora
y duerme aquí algún hora,   y no te muevas

Albanio   ¿Sabes algunas nuevas   de mí?

Salicio   ¡Loco!

Albanio   Paso, que duermo un poco

Salicio   ¿Duermes cierto?

Albanio   ¿No me ves como un muerto?   Pues ¿qué hago?

Salicio   Éste te dará el pago,   si despiertas,
en esas carnes muertas,   te prometo

Nemoroso   Algo 'stá más quieto   y reposado

     que hasta 'quí. ¿Qué dices tú, Salicio?
     ¿Parécete que puede ser curado?

Salicio   En procurar cualquiera beneficio
     a la vida y salud d'un tal amigo,
     haremos el debido y justo oficio

Nemoroso Escucha, pues, un poco lo que digo;
     contaréte una 'xtraña y nueva cosa
     de que yo fui la parte y el testigo
      En la ribera verde y deleitosa
     del sacro Tormes, dulce y claro río,
     hay una vega grande y espaciosa,
      verde en el medio del invierno frío,
     en el otoño verde y primavera,
     verde en la fuerza del ardiente estío
      Levántase al fin della una ladera,
     con proporción graciosa en el altura,
     que sojuzga la vega y la ribera;
      allí está sobrepuesta la espesura
     de las hermosas torres, levantadas
     al cielo con extraña hermosura,
      no tanto por la fábrica estimadas,
     aunque 'xtraña labor allí se vea,
     cuanto por sus señores ensalzadas
      Allí se halla lo que se desea:
     virtud, linaje, haber y todo cuanto
     bien de natura o de fortuna sea
      Un hombre mora allí de ingenio tanto
     que toda la ribera adonde él vino
     nunca se harta d'escuchar su canto
      Nacido fue en el campo placentino,
     que con estrago y destrucción romana
     en el antiguo tiempo fue sanguino,

y en éste con la propia la inhumana
furia infernal, por otro nombre guerra,
le tiñe, le ruina y le profana;
    él, viendo aquesto, abandonó su tierra,
por ser más del reposo compañero
que de la patria, que el furor atierra
    Llevóle a aquella parte el buen agüero
d'aquella tierra d'Alba tan nombrada,
que éste's el nombre della, y d'él Severo
    A aquéste Febo no le'scondió nada,
antes de piedras, hierbas y animales
diz que le fue noticia entera dada
    Éste, cuando le place, a los caudales
ríos el curso presuroso enfrena
con fuerza de palabras y señales;
    la negra tempestad en muy serena
y clara luz convierte, y aquel día,
si quiere revolvelle, el mundo atruena;
    la Luna d'allá arriba bajaría
si al son de las palabras no impidiese
el son del carro que la mueve y guía
    Temo que si decirte presumiese
de su saber la fuerza con loores,
que en lugar d'alaballe l'ofendiese
    Mas no te callaré que los amores
con un tan eficaz remedio cura
cual se conviene a tristes amadores;
    en un punto remueve la tristura,
convierte'n odio aquel amor insano,
y restituye'l alma a su natura
    No te sabré decir, Salicio hermano,
la orden de mi cura y la manera,
mas sé que me partí d'él libre y sano
    Acuérdaseme bien que en la ribera

de Tormes le hallé solo, cantando
tan dulce que una piedra enterneciera
  Como cerca me vido, adivinando
la causa y la razón de mi venida,
suspenso un rato 'stuvo así callando,
  y luego con voz clara y expedida
soltó la rienda al verso numeroso
en alabanzas de la libre vida
  Yo estaba embebecido y vergonzoso,
atento al son y viéndome del todo
fuera de libertad y de reposo
  No sé decir sino que'n fin de modo
aplicó a mi dolor la medicina
qu'el mal desarraigó de todo en todo
  Quedé yo entonces como quien camina
de noche por caminos enriscados,
sin ver dónde la senda o paso inclina;
  mas, venida la luz y contemplados,
del peligro pasado nace un miedo
que deja los cabellos erizados:
  así estaba mirando, atento y quedo,
aquel peligro yo que atrás dejaba,
que nunca sin temor pensallo puedo
  Tras esto luego se me presentaba,
sin antojos delante, la vileza
de lo que antes ardiendo deseaba
  Así curó mi mal, con tal destreza,
el sabio viejo, como t'he contado,
que volvió el alma a su naturaleza
y soltó el corazón aherrojado

Salicio ¡Oh gran saber, oh viejo fructuoso,
  qu'el perdido reposo   al alma vuelve,
  y lo que la revuelve   y lleva a tierra

                    del corazón destierra   incontinente!
                    Con esto solamente   que contaste,
                    así le reputaste   acá conmigo
                    que sin otro testigo   a desealle
                    ver presente y hablalle   me levantas

Nemoroso   ¿Desto poco te 'spantas   tú, Salicio?
                    De más te daré indicio   manifiesto,
                    si no te soy molesto   y enojoso

Salicio   ¿Qué's esto, Nemoroso,   y qué cosa
                    puede ser tan sabrosa   en otra parte
                    a mi como escucharte? No la siento,
                    cuanto más este cuento   de Severo;
                    dímelo por entero,   por tu vida,
                    pues no hay quien nos impida   ni embarace
                    Nuestro ganado pace,   el viento espira,
                    Filomena suspira   en dulce canto
                    y en amoroso llanto   s'amancilla;
                    gime la tortolilla   sobre'l olmo,
                    preséntanos a colmo   el prado flores
                    y esmalta en mil colores   su verdura;
                    la fuente clara y pura,   murmurando,
                    nos está convidando   a dulce trato

Nemoroso   ¿Escucha, pues, un rato,   y diré cosas
                    extrañas y espantosas   poco a poco
                    Ninfas, a vos invoco;   verdes faunos,
                    sátiros y silvanos,   soltá todos
                    mi lengua en dulces modos   y sutiles,
                    que ni los pastoriles   ni el avena
                    ni la zampoña suena   como quiero
                    Este nuestro Severo   pudo tanto
                    con el suave canto   y dulce lira

que, revueltos en ira   y torbellino,
en medio del camino   se pararon
los vientos y escucharon   muy atentos
la voz y los acentos,   muy bastantes
a que los repugnantes   y contrarios
hiciesen voluntarios   y conformes
A aquéste el viejo Tormes,   como a hijo,
le metió al escondrijo   de su fuente,
de do va su corriente   comenzada;
mostróle una labrada   y cristalina
urna donde él reclina   el diestro lado,
y en ella vio entallado   y esculpido
lo que, antes d'haber sido,   el sacro viejo
por devino consejo   puso en arte,
labrando a cada parte   las extrañas
virtudes y hazañas   de los hombres
que con sus claros nombres   ilustraron
cuanto señorearon   de aquel río
Estaba con un brío   desdeñoso,
con pecho corajoso,   aquel valiente
que contra un rey potente   y de gran seso,
qu'el viejo padre preso   le tenía,
cruda guerra movía   despertando
su ilustre y claro bando al ejercicio
d'aquel piadoso oficio.   A aquéste junto
la gran labor al punto   señalaba
al hijo que mostraba   acá en la tierra
ser otro Marte en guerra,   en corte Febo;
mostrábase mancebo   en las señales
del rostro, qu'eran tales que 'speranza
y cierta confianza   claro daban,
a cuantos le miraban,   qu'él sería
en quien se informaría   un ser divino
Al campo sarracino   en tiernos años

daba con graves daños   a sentillo,
que como fue caudillo   del cristiano,
ejercitó la mano   y el maduro
seso y aquel seguro   y firme pecho
En otra parte, hecho   ya más hombre,
con más ilustre nombre,   los arneses
de los fieros franceses   abollaba
Junto, tras esto, estaba   figurado
con el arnés manchado   de otra sangre,
sosteniendo la hambre   en el asedio,
siendo él solo el remedio   del combate,
que con fiero rebate   y con ruido
por el muro batido   l'ofrecían;
tantos al fin morían   por su espada,
a tantos la jornada   puso espanto,
que no hay labor que tanto   notifique
cuanto el fiero Fadrique   de Toledo
puso terror y miedo   al enemigo
Tras aqueste que digo   se veía
el hijo don García,   qu'en el mundo
sin par y sin segundo   solo fuera
si hijo no tuviera.   ¿Quién mirara
de su hermosa cara   el rayo ardiente,
quién su resplandeciente   y clara vista,
que no diera por lista   su grandeza?
Estaban de crueza   fiera armadas
las tres inicuas hadas,   cruda guerra
haciendo allí a la tierra   con quitalle
éste, qu'en alcanzalle   fue dichosa
¡Oh patria lagrimosa,   y cómo vuelves
los ojos a los Gelves,   suspirando!
Él está ejercitando   el duro oficio,
y con tal artificio   la pintura
mostraba su figura   que dijeras,

si pintado lo vieras, que hablaba
El arena quemaba, el Sol ardía,
la gente se caía medio muerta;
él solo con despierta vigilancia
dañaba la tardanza floja, inerte,
y alababa la muerte gloriosa
Luego la polvorosa muchedumbre,
gritando a su costumbre, le cercaba;
mas el que se llegaba al fiero mozo
llevaba, con destrozo y con tormento,
del loco atrevimiento el justo pago
Unos en bruto lago de su sangre,
cortado ya el estambre de la vida,
la cabeza partida revolcaban;
otros claro mostraban, espirando,
de fuera palpitando las entrañas,
por las fieras y extrañas cuchilladas
d'aquella mano dadas. Mas el hado
acerbo, triste, airado fue venido,
y al fin él, confundido d'alboroto,
atravesado y roto de mil hierros,
pidiendo de sus yerros venia al cielo,
puso en el duro suelo la hermosa
cara, como la rosa matutina,
cuando ya el Sol declina al mediodía,
que pierde su alegría y marchitando
va la color mudando; o en el campo
cual queda el lirio blanco qu'el arado
crudamente cortado al pasar deja,
del cual aun no s'aleja presuroso
aquel color hermoso o se destierra,
mas ya la madre tierra descuidada
no le administra nada de su aliento,
que era el sustentamiento y vigor suyo:

tal está el rostro tuyo   en el arena,
fresca rosa, azucena   blanca y pura
Tras ésta una pintura   extraña tira
los ojos de quien mira   y los detiene
tanto que no conviene   mirar cosa
extraña ni hermosa   sino aquélla
De vestidura bella   allí vestidas
las gracias esculpidas   se veían;
solamente traían   un delgado
velo qu'el delicado   cuerpo viste,
mas tal que no resiste   a nuestra vista
Su diligencia en vista   demostraban;
todas tres ayudaban   en una hora
una muy gran señora   que paría
Un infante se vía   ya nacido
tal cual jamás salido   d'otro parto
del primer siglo al cuarto   vio la Luna;
en la pequeña cuna   se leía
un nombre que decía   «don Fernando»
Bajaban, d'él hablando,   de dos cumbres
aquellas nueve lumbres   de la vida
con ligera corrida,   y con ellas,
cual Luna con estrellas,   el mancebo
intonso y rubio, Febo;   y en llegando,
por orden abrazando   todas fueron
al niño, que tuvieron   luengamente
Visto como presente,   d'otra parte
Mercurio estaba y Marte,   cauto y fiero,
viendo el gran caballero   que encogido
en el recién nacido   cuerpo estaba
Entonces lugar daba   mesurado
a Venus, que a su lado   estaba puesta;
ella con mano presta   y abundante
néctar sobre'l infante   desparcía,

mas Febo la desvía   d'aquel tierno
niño y daba el gobierno   a sus hermanas;
del cargo están ufanas   todas nueve
El tiempo el paso mueve;   el niño crece
y en tierna edad florece   y se levanta
como felice planta   en buen terreno
Ya sin precepto ajeno   él daba tales
de su ingenio señales que 'spantaban
a los que le criaban;   luego estaba
cómo una l'entregaba   a un gran maestro
que con ingenio diestro   y vida honesta
hiciese manifiesta   al mundo y clara
aquel ánima rara   que allí vía
Al niño recibía   con respeto
un viejo en cuyo aspecto   se vía junto
severidad a un punto   con dulzura
Quedó desta figura   como helado
Severo y espantado,   viendo el viejo
que, como si en espejo   se mirara,
en cuerpo, edad y cara   eran conformes
En esto, el rostro a Tormes   revolviendo,
vio que 'staba riendo   de su 'spanto
«¿De qué t'espantas tanto?»   —dijo el río
«¿No basta el saber mío   a que primero
que naciese Severo,   yo supiese
que había de ser quien diese   la doctrina
al ánima divina   deste mozo?»
Él, lleno d'alborozo   y d'alegría,
sus ojos mantenía   de pintura
Miraba otra figura   d'un mancebo,
el cual venia con Febo   mano a mano,
al modo cortesano;   en su manera
juzgáralo cualquiera,   viendo el gesto
lleno d'un sabio, honesto   y dulce afeto,

por un hombre perfeto en l'alta parte
de la difícil arte cortesana,
maestra de la humana y dulce vida
Luego fue conocida de Severo
la imagen por entero fácilmente
deste que allí presente era pintado:
vio qu'era el que había dado a don Fernando
su ánimo formando en luenga usanza,
el trato, la crianza y gentileza,
la dulzura y llaneza acomodada,
la virtud apartada y generosa,
y en fin cualquiera cosa que se vía
en la cortesanía de que lleno
Fernando tuvo el seno y bastecido
Después de conocido, leyó el nombre
Severo de aqueste hombre, que se llama
Boscán, de cuya llama clara y pura
sale'l fuego que apura sus escritos,
que en siglos infinitos ternán vida
De algo más crecida edad miraba
al niño, que 'scuchaba sus consejos
Luego los aparejos ya de Marte,
estotro puesto aparte, le traía;
así les convenía a todos ellos
que no pudiera dellos dar noticia
a otro la milicia en muchos años
Obraba los engaños de la lucha;
la maña y fuerza mucha y ejercicio
con el robusto oficio está mezclando
Allí con rostro blando y amoroso
Venus aquel hermoso mozo mira,
y luego le retira por un rato
d'aquel áspero trato y son de hierro;
mostrábale ser yerro y ser mal hecho

armar contino el pecho   de dureza,
no dando a la terneza   alguna puerta
Con él en una huerta   entrada siendo,
una ninfa durmiendo   le mostraba;
el mozo la miraba   y juntamente,
de súpito accidente   acometido,
estaba embebecido,   y a la diosa
que a la ninfa hermosa   s'allegase
mostraba que rogase,   y parecía
que la diosa temía   de llegarse
Él no podía hartarse   de miralla,
de eternamente amalla   proponiendo
Luego venia corriendo   Marte airado,
mostrándose alterado   en la persona,
y daba una corona   a don Fernando
Y estábale mostrando   un caballero
que con semblante fiero   amenazaba
al mozo que quitaba   el nombre a todos
Con atentados modos   se movía
contra el que l'atendía   en una puente;
mostraba claramente   la pintura
que acaso noche 'scura   entonces era
De la batalla fiera   era testigo
Marte, que al enemigo   condenaba
y al mozo coronaba   en el fin d'ella;
el cual, como la estrella   relumbrante
que'l Sol envía delante,   resplandece
D'allí su nombre crece,   y se derrama
su valerosa fama   a todas partes
Luego con nuevas artes   se convierte
a hurtar a la muerte   y a su abismo
gran parte de sí mismo   y quedar vivo
cuando el vulgo cativo   le llorare
y, muerto, le llamare   con deseo

Estaba el Himeneo   allí pintado,
el diestro pie calzado   en lazos d'oro;
de vírgenes un coro   está cantando,
partidas altercando   y respondiendo,
y en un lecho poniendo   una doncella
que, quien atento aquélla   bien mirase
y bien la cotejase   en su sentido
con la qu'el mozo vido   allá en la huerta,
verá que la despierta   y la dormida
por una es conocida   de presente
Mostraba juntamente   ser señora
digna y merecedora   de tal hombre;
el almohada el nombre   contenía,
el cual doña María   Enríquez era
Apenas tienen fuera   a don Fernando,
ardiendo y deseando   estar ya echado;
al fin era dejado   con su esposa
dulce, pura, hermosa,   sabia, honesta
En un pie estaba puesta   la fortuna,
nunca estable ni una,   que llamaba
a Fernando, que 'staba   en vida ociosa,
porque en dificultosa   y ardua vía
quisiera ser su guía   y ser primera;
mas él por compañera   tomó aquella,
siguiendo a la qu'es bella   descubierta
y juzgada, cubierta,   por disforme
El nombre era conforme   a aquesta fama:
virtud ésta se llama,   al mundo rara
¿Quién tras ella guiara   igual en curso
sino éste, qu'el discurso   de su lumbre
forzaba la costumbre   de sus años,
no recibiendo engaños   sus deseos?
Los montes Pirineos,   que se 'stima
de abajo que la cima   está en el cielo

y desde arriba el suelo   en el infierno,
en medio del invierno   atravesaba
La nieve blanqueaba,   y las corrientes
por debajo de puentes   cristalinas
y por heladas minas   van calladas;
el aire las cargadas   ramas mueve,
qu'el peso de la nieve   las desgaja
Por aquí se trabaja   el duque osado,
del tiempo contrastado   y de la vía,
con clara compañía   de ir delante;
el trabajo constante   y tan loable
por la Francia mudable   en fin le lleva
La fama en él renueva   la presteza,
la cual con ligereza   iba volando
y con el gran Fernando   se paraba
y le significaba   en modo y gesto
qu'el caminar muy presto   convenía
De todos escogía   el duque uno,
y entramos de consuno   cabalgaban;
los caballos mudaban   fatigados,
mas a la fin llegados   a los muros
del gran París seguros,   la dolencia
con su débil presencia   y amarilla
bajaba de la silla   al duque sano
y con pesada mano   le tocaba
Él luego comenzaba   a demudarse
y amarillo pararse   y a dolerse
Luego pudiera verse   de travieso
venir por un espeso   bosque ameno,
de buenas hierbas lleno   y medicina,
Esculapio, y camina   no parando
hasta donde Fernando   estaba en lecho;
entró con pie derecho,   y parecía
que le restituía   en tanta fuerza

que a proseguir se 'sfuerza   su viaje,
que le llevó al pasaje   del gran Reno
Tomábale en su seno   el caudaloso
y claro río, gozoso   de tal gloria,
trayendo a la memoria   cuando vino
el vencedor latino   al mismo paso
No se mostraba escaso   de sus ondas;
antes, con aguas hondas   que engendraba,
los bajos igualaba,   y al liviano
barco daba de mano,   el cual, volando,
atrás iba dejando   muros, torres
Con tanta priesa corres,   navecilla,
que llegas do amancilla   una doncella,
y once mil más con ella,   y mancha el suelo
de sangre que en el cielo   está esmaltada
Úrsula, desposada   y virgen pura,
mostraba su figura   en una pieza
pintada; su cabeza   allí se vía
que los ojos volvía   ya espirando
Y estábate mirando   aquel tirano
que con acerba mano   llevó a hecho,
de tierno en tierno pecho,   tu compaña
Por la fiera Alemaña   d'aquí parte
el duque, a aquella parte   enderezado
donde el cristiano estado   estaba en dubio
En fin al gran Danubio   s'encomienda;
por él suelta la rienda   a su navío,
que con poco desvío   de la tierra
entre una y otra sierra   el agua hiende
El remo que desciende   en fuerza suma
mueve la blanca espuma   como argento;
el veloz movimiento   parecía
que pintado se vía   ante los ojos
Con amorosos ojos,   adelante,

Carlo, César triunfante,   le abrazaba
cuando desembarcaba   en Ratisbona
Allí por la corona   del imperio
estaba el magisterio   de la tierra
convocado a la guerra   que 'speraban;
todos ellos estaban   enclavando
los ojos en Fernando,   y en el punto
que a sí le vieron junto,   se prometen
de cuanto allí acometen   la vitoria
Con falsa y vana gloria   y arrogancia,
con bárbara jactancia   allí se vía
a los fines de Hungría   el campo puesto
d 'aquel que fue molesto   en tanto grado
al húngaro cuitado   y afligido;
las armas y el vestido   a su costumbre,
era la muchedumbre   tan extraña
que apenas la campaña   la abarcaba
ni a dar pasto bastaba,   ni agua el río
César con celo pío   y con valiente
ánimo aquella gente   despreciaba;
la suya convocaba,   y en un punto
vieras un campo junto   de naciones
diversas y razones,   mas d'un celo
No ocupaban el suelo   en tanto grado,
con número sobrado   y infinito,
como el campo maldito,   mas mostraban
virtud con que sobraban   su contrario,
ánimo voluntario,   industria y maña
Con generosa saña   y viva fuerza
Fernando los esfuerza   y los recoge
y a sueldo suyo coge   muchos dellos
D'un arte usaba entr'ellos   admirable:
con el disciplinable   alemán fiero
a su manera y fuero   conversaba;

a todos s'aplicaba   de manera
qu'el flamenco dijera   que nacido
en Flandes había sido,   y el osado
español y sobrado,   imaginando
ser suyo don Fernando   y de su suelo,
demanda sin recelo   la batalla
Quien más cerca se halla   del gran hombre
piensa que crece el nombre   por su mano
El cauto italiano   nota y mira,
los ojos nunca tira   del guerrero,
y aquel valor primero   de su gente
junto en éste y presente   considera;
en él ve la manera   misma y maña
del que pasó en España   sin tardanza,
siendo solo esperanza   de su tierra,
y acabó aquella guerra   peligrosa
con mano poderosa   y con estrago
de la fiera Cartago   y de su muro,
y del terrible y duro   su caudillo,
cuyo agudo cuchillo   a las gargantas
Italia tuvo tantas   veces puesto
Mostrábase tras esto   allí esculpida
la envidia carcomida,   a sí molesta,
contra Fernando puesta   frente a frente;
la desvalida gente   convocaba
y contra aquél la armaba   y con sus artes
busca por todas partes   daño y mengua
Él, con su mansa lengua   y largas manos
los tumultos livianos   asentando,
poco a poco iba alzando   tanto el vuelo
que la envidia en el cielo   le miraba,
y como no bastaba   a la conquista,
vencida ya su vista   de tal lumbre,
forzaba su costumbre   y parecía

que perdón le pedía, en tierra echada;
él, después de pisada, descansado
quedaba y aliviado deste enojo
y lleno del despojo desta fiera
Hallaba en la ribera del gran río,
de noche al puro frío del sereno,
a César, qu'en su seno está pensoso
del suceso dudoso desta guerra;
que aunque de sí destierra la tristeza
del caso, la grandeza trae consigo
el pensamiento amigo del remedio
Entramos buscan medio convenible
para que aquel terrible furor loco
les empeciese poco y recibiese
tal estrago que fuese destrozado
Después de haber hablado, ya cansados,
en la hierba acostados se dormían;
el gran Danubio oían ir sonando,
casi como aprobando aquel consejo
En esto el claro viejo río se vía
que del agua salía muy callado,
de sauces coronado y d'un vestido,
de las ovas tejido, mal cubierto;
y en aquel sueño incierto les mostraba
todo cuanto tocaba al gran negocio,
y parecía qu'el ocio sin provecho
les sacaba del pecho, porque luego,
como si en vivo fuego se quemara
alguna cosa cara, se levantan
del gran sueño y s'espantan, alegrando
el ánimo y alzando la esperanza
El río sin tardanza parecía
qu'el agua disponía al gran viaje;
allanaba el pasaje y la corriente

para que fácilmente   aquella armada,
que había de ser guiada   por su mano,
en el remar liviano   y dulce viese
cuánto el Danubio fuese   favorable
Con presteza admirable   vieras junto
un ejército a punto   denodado;
y después d'embarcado,   el remo lento,
el duro movimiento   de los brazos,
los pocos embarazos   de las ondas
llevaban por las hondas   aguas presta
el armada molesta   al gran tirano
El artificio humano   no hiciera
pintura que exprimiera   vivamente
el armada, la gente,   el curso, el agua;
y apenas en la fragua   donde sudan
los cíclopes y mudan   fatigados
los brazos, ya cansados   del martillo,
pudiera así exprimillo   el gran maestro
Quien viera el curso diestro   por la clara
corriente bien jurara   a aquellas horas
que las agudas proras   dividían
el agua y la hendían   con sonido,
y el rastro iba seguido;   luego vieras
al viento las banderas   tremolando,
las ondas imitando   en el moverse
Pudiera también verse   casi viva
la otra gente esquiva   y descreída,
que d'ensoberbecida   y arrogante
pensaban que delante   no hallaran
hombres que se pararan   a su furia
Los nuestros, tal injuria   no sufriendo,
remos iban metiendo   con tal gana
que iba d'espuma cana   el agua llena
El temor enajena   al otro bando

el sentido, volando   de uno en uno;
entrábase importuno   por la puerta
de la opinión incierta,   y siendo dentro
en el íntimo centro   allá del pecho,
les dejaba deshecho   un hielo frío,
el cual como un gran río   en flujos gruesos
por medulas y huesos   discurría
Todo el campo se vía   conturbado,
y con arrebatado   movimiento
solo del salvamiento   platicaban
Luego se levantaban   con desorden;
confusos y sin orden   caminando,
atrás iban dejando,   con recelo,
tendida por el suelo,   su riqueza
Las tiendas do pereza   y do fornicio
con todo bruto vicio   obrar solían,
sin ellas se partían;   así armadas,
eran desamparadas   de sus dueños
A grandes y pequeños   juntamente
era el temor presente   por testigo,
y el áspero enemigo   a las espaldas,
que les iba las faldas   ya mordiendo
César estar teniendo   allí se vía
a Fernando, que ardía   sin tardanza
por colorar su lanza   en turca sangre
Con animosa hambre   y con denuedo
forceja con quien quedo   estar le manda,
como lebrel de Irlanda   generoso
qu'el jabalí cerdoso   y fiero mira;
rebátese, suspira,   fuerza y riñe,
y apenas le constriñe   el atadura
qu'el dueño con cordura   más aprieta:
así estaba perfeta   y bien labrada
la imagen figurada   de Fernando

que quien allí mirando   lo estuviera,
que era desta manera   lo juzgara
Resplandeciente y clara,   de su gloria
pintada, la Vitoria   se mostraba;
a César abrazaba,   y no parando,
los brazos a Fernando   echaba al cuello
Él mostraba d'aquello   sentimiento,
por ser el vencimiento   tan holgado
Estaba figurado   un carro extraño
con el despojo y daño   de la gente
bárbara, y juntamente   allí pintados
cativos amarrados   a las ruedas,
con hábitos y sedas   variadas;
lanzas rotas, celadas   y banderas,
armaduras ligeras   de los brazos,
escudos en pedazos   divididos
vieras allí cogidos   en trofeo,
con qu'el común deseo   y voluntades
de tierras y ciudades   se alegraba
Tras esto blanqueaba   falda y seno
con velas, al Tirreno,   del armada
sublime y ensalzada   y gloriosa
Con la prora espumosa   las galeras,
como nadantes fieras,   el mar cortan
hasta que en fin aportan   con corona
de lauro a Barcelona;   do cumplidos
los votos ofrecidos   y deseos,
y los grandes trofeos   ya repuestos,
con movimientos prestos   d'allí luego,
en amoroso fuego   todo ardiendo,
el duque iba corriendo   y no paraba
Cataluña pasaba,   atrás la deja;
ya d'Aragón s'aleja,   y en Castilla
sin bajar de la silla   los pies pone

El corazón dispone   al alegría
que vecina tenía,   y reserena
su rostro y enajena   de sus ojos
muerte, daños, enojos,   sangre y guerra;
con solo amor s'encierra   sin respeto,
y el amoroso afeto   y celo ardiente
figurado y presente   está en la cara
Y la consorte cara,   presurosa,
de un tal placer dudosa,   aunque lo vía,
el cuello le ceñía   en nudo estrecho
de aquellos brazos hecho   delicados;
de lágrimas preñados,   relumbraban
los ojos que sobraban   al Sol claro
Con su Fernando caro   y señor pío
la tierra, el campo, el río,   el monte, el llano
alegres a una mano   estaban todos,
mas con diversos modos   lo decían:
los muros parecían   d'otra altura,
el campo en hermosura   d'otras flores
pintaba mil colores   desconformes;
estaba el mismo Tormes   figurado,
en torno rodeado   de sus ninfas,
vertiendo claras linfas   con instancia,
en mayor abundancia   que solía;
del monte se veía   el verde seno
de ciervos todo lleno,   corzos, gamos,
que de los tiernos ramos   van rumiando;
el llano está mostrando   su verdura,
tendiendo su llanura   así espaciosa
que a la vista curiosa   nada empece
ni deja en qué tropiece   el ojo vago
Bañados en un lago,   no d'olvido,
mas de un embebecido   gozo, estaban
cuantos consideraban   la presencia

d'éste cuya excelencia   el mundo canta,
cuyo valor quebranta   al turco fiero
Aquesto vio Severo   por sus ojos,
y no fueron antojos   ni ficciones;
si oyeras sus razones,   yo te digo
que como a buen testigo   le creyeras
Contaba muy de veras   que mirando
atento y contemplando   las pinturas,
hallaba en las figuras   tal destreza
que con mayor viveza   no pudieran
estar si ser les dieran   vivo y puro
Lo que dellas oscuro   allí hallaba
y el ojo no bastaba   a recogello,
el río le daba dello   gran noticia
«Éste de la milicia,   —dijo el río—,
la cumbre y señorío   terná solo
del uno al otro polo;   y porque 'spantes
a todos cuando cantes   los famosos
hechos tan gloriosos,   tan ilustres,
sabe qu'en cinco lustres   de sus años
hará tantos engaños   a la muerte
que con ánimo fuerte   habrá pasado
por cuanto aquí pintado   dél has visto
Ya todo lo has previsto;   vamos fuera;
dejarte he en la ribera   do 'star sueles.»
«Quiero que me reveles   tú primero
—le replicó Severo—,   qué's aquello
que de mirar en ello   se me ofusca
la vista, así corrusca   y resplandece,
y tan claro parece   allí en la urna
como en hora nocturna   la cometa.»
«Amigo, no se meta   —dijo el viejo—,
ninguno, le aconsejo,   en este suelo
en saber más qu'el cielo   le otorgare;

y si no te mostrare   lo que pides,
tú mismo me lo impides,   porque en tanto
qu'el mortal velo y manto   el alma cubren,
mil cosas se t'encubren,   que no bastan
tus ojos que contrastan   a mirallas
No pude yo pintallas   con menores
luces y resplandores,   porque sabe,
y aquesto en ti bien cabe,   que esto todo
qu'en excesivo modo   resplandece,
tanto que no parece   ni se muestra,
es lo que aquella diestra   mano osada
y virtud sublimada   de Fernando
acabarán entrando   más los días,
lo cual con lo que vías   comparado
es como con nublado   muy oscuro
el Sol ardiente, puro   y relumbrante
Tu vista no es bastante   a tanta lumbre
hasta que la costumbre   de miralla
tu ver al contemplalla   no confunda;
como en cárcel profunda   el encerrado
que súpito sacado   le atormenta
el Sol que se presenta   a sus tinieblas,
así tú, que las nieblas   y hondura
metido en estrechura   contemplabas,
que era cuando mirabas   otra gente,
viendo tan diferente   suerte d'hombre,
no es mucho que t'asombre   luz tamaña
Pero vete, que baña   el Sol hermoso
su carro presuroso   ya en las ondas,
y antes que me respondas,   será puesto.»
Diciendo así, con gesto   muy humano
tomóle por la mano.   ¡Oh admirable
caso y cierto espantable!,   qu'en saliendo
se fueron estriñendo   d'una parte

y d'otra de tal arte   aquellas ondas
que las aguas, que hondas   ser solían,
el suelo descubrían   y dejaban
seca por do pasaban   la carrera
hasta qu'en la ribera   se hallaron;
y como se pararon   en un alto,
el viejo d'allí un salto   dio con brío
y levantó del río   espuma'l cielo
y conmovió del suelo   negra arena
Severo, ya de ajena   ciencia instruto,
fuese a coger el fruto   sin tardanza
de futura 'speranza,   y escribiendo,
las cosas fue exprimiendo   muy conformes
a las que había de Tormes   aprendido;
y aunque de mi sentido   él bien juzgase
que no las alcanzase,   no por eso
este largo proceso,   sin pereza,
dejó por su nobleza   de mostrarme
Yo no podía hartarme   allí leyendo,
y tú d'estarme oyendo   estás cansado

Salicio   Espantado me tienes
           con tan extraño cuento,
y al son de tu hablar embebecido
           Acá dentro me siento,
           oyendo tantos bienes
y el valor deste príncipe escogido,
           bullir con el sentido
           y arder con el deseo
           por contemplar presente
           aquel que, 'stando ausente,
por tu divina relación ya veo
           ¡Quién viese la escritura,
ya que no puede verse la pintura!

              Por firme y verdadero,
            después que t'he escuchado,
        tengo que ha de sanar Albanio cierto,
              que según me has contado,
              bastara tu Severo
        a dar salud a un vivo y vida a un muerto;
              que a quien fue descubierto
              un tamaño secreto,
              razón es que se crea
              que cualquiera que sea
        alcanzará con su saber perfeto,
              y a las enfermedades
        aplicará contrarias calidades

Nemoroso   Pues ¿en qué te resumes, di, Salicio,
            acerca deste enfermo compañero?

Salicio   En que hagamos el debido oficio:
                luego de aquí partamos, y primero
            que haga curso el mal y s'envejezca,
            así le presentemos a Severo

Nemoroso   Yo soy contento, y antes que amanezca
            y que del Sol el claro rayo ardiente
            sobre las altas cumbres se parezca,
                el compañero mísero y doliente
            llevemos luego donde cierto entiendo
            que será guarecido fácilmente

Salicio   Recoge tu ganado, que cayendo
            ya de los altos montes las mayores
            sombras con ligereza van corriendo;
                mira en torno, y verás por los alcores
            salir el humo de las caserías

             de aquestos comarcanos labradores
                Recoge tus ovejas y las mías,
             y vete tú con ellas poco a poco
             por aquel mismo valle que solías;
                yo solo me averné con nuestro loco,
             que pues él hasta aquí no se ha movido,
             la braveza y furor debe ser poco

Nemoroso   Si llegas antes, no te 'stés dormido;
             apareja la cena, que sospecho
             que aun fuego Galafrón no habrá encendido

Salicio   Yo lo haré, que al hato iré derecho,
             si no me lleva a despeñar consigo
             d'algún barranco Albanio, a mi despecho
             Adiós, hermano

Nemoroso   Adiós, Salicio amigo

Égloga III

1   Aquella voluntad honesta y pura,
ilustre y hermosísima María,
que'n mí de celebrar tu hermosura,
tu ingenio y tu valor estar solía,
a despecho y pesar de la ventura
que por otro camino me desvía,
está y estará tanto en mí clavada
cuanto del cuerpo el alma acompañada

2   Y aun no se me figura que me toca
aqueste oficio solamente en vida,
mas con la lengua muerta y fría en la boca
pienso mover la voz a ti debida;
libre mi alma de su estrecha roca,
por el Estigio lago conducida,
celebrando t'irá, y aquel sonido
hará parar las aguas del olvido

3   Mas la fortuna, de mi mal no harta,
me aflige y d'un trabajo en otro lleva;
ya de la patria, ya del bien me aparta,
ya mi paciencia en mil maneras prueba,
y lo que siento más es que la carta
donde mi pluma en tu alabanza mueva
poniendo en su lugar cuidados vanos,
me quita y m'arrebata de las manos

4   Pero, por más que en mí su fuerza pruebe,
no tornará mi corazón mudable;
nunca dirán jamás que me remueve
fortuna d'un estudio tan loable;
Apolo y las hermanas todas nueve,

me darán ocio y lengua con que hable
lo menos de lo que'n tu ser cupiere,
qu'esto será lo más que yo pudiere

5   En tanto, no te ofenda ni te harte
tratar del campo y soledad que amaste,
ni desdenes aquesta inculta parte
de mi estilo, qu'en algo ya estimaste;
entre las armas del sangriento Marte,
do apenas hay quien su furor contraste,
hurté de tiempo aquesta breve suma,
tomando ora la espada, ora la pluma

6   Aplica, pues, un rato los sentidos
al bajo son de mi zampoña ruda,
indigna de llegar a tus oídos,
pues d'ornamento y gracia va desnuda;
mas a las veces son mejor oídos
el puro ingenio y lengua casi muda,
testigos limpios d'ánimo inocente,
que la curiosidad del elocuente

7   Por aquesta razón de ti escuchado,
aunque me falten otras, ser merezco;
Lo que puedo te doy, y lo que he dado,
con recebillo tú, yo m'enriquezco
De cuatro ninfas que del Tajo amado
salieron juntas, a cantar me ofrezco:
Filódoce, Dinámene y Climene,
Nise, que en hermosura par no tiene

8   Cerca del Tajo, en soledad amena,
de verdes sauces hay una espesura,
toda de hiedra revestida y llena

que por el tronco va hasta el altura
y así la teje arriba y encadena
que'l Sol no halla paso a la verdura;
el agua baña el prado con sonido,
alegrando la hierba y el oído

9   Con tanta mansedumbre el cristalino
Tajo en aquella parte caminaba
que pudieran los ojos el camino
determinar apenas que llevaba
Peinando sus cabellos d'oro fino,
una ninfa del agua do moraba
la cabeza sacó, y el prado ameno
vido de flores y de sombra lleno

10   Movióla el sitio umbroso, el manso viento,
el suave olor d'aquel florido suelo;
las aves en el fresco apartamiento
vio descansar del trabajoso vuelo;
secaba entonces el terreno aliento
el Sol, subido en la mitad del cielo;
en el silencio solo se 'scuchaba
un susurro de abejas que sonaba

11   Habiendo contemplado una gran pieza
atentamente aquel lugar sombrío,
somorgujó de nuevo su cabeza
y al fondo se dejó calar del río;
a sus hermanas a contar empieza
del verde sitio el agradable frío,
y que vayan, les ruega y amonesta,
allí con su labor a estar la siesta

12   No perdió en esto mucho tiempo el ruego,

        que las tres d'ellas su labor tomaron
        y en mirando defuera, vieron luego
        el prado, hacia el cual enderezaron;
        el agua clara con lascivo juego
        nadando dividieron y cortaron,
        hasta que'l blanco pie tocó mojado,
        saliendo del arena, el verde prado

13   Poniendo ya en lo enjuto las pisadas,
        escurriendo del agua sus cabellos,
        los cuales esparciendo cobijadas
        las hermosas espaldas fueron dellos,
        luego sacando telas delicadas
        que'n delgadeza competían con ellos,
        en lo más escondido se metieron
        y a su labor atentas se pusieron

14   Las telas eran hechas y tejidas
        del oro que'l felice Tajo envía,
        apurado después de bien cernidas
        las menudas arenas do se cría,
        y de las verdes ovas, reducidas
        en estambre sutil, cual convenía
        para seguir el delicado estilo
        del oro ya tirado en rico hilo

15   La delicada estambre era distinta
        de las colores que antes le habían dado
        con la fineza de la varia tinta
        que se halla en las conchas del pescado;
        tanto artificio muestra en lo que pinta
        y teje cada ninfa en su labrado
        cuanto mostraron en sus tablas antes
        el celebrado Apeles y Timantes

16   Filódoce, que así d'aquéllas era
llamada la mayor, con diestra mano
tenía figurada la ribera
de Estrimón, de una parte el verde llano
y d'otra el monte d'aspereza fiera,
pisado tarde o nunca de pie humano,
donde el amor movió con tanta gracia
la dolorosa lengua del de Tracia

17   Estaba figurada la hermosa
Eurídice, en el blanco pie mordida
de la pequeña sierpe ponzoñosa,
entre la hierba y flores escondida;
descolorida estaba como rosa
que ha sido fuera de sazón cogida,
y el ánima, los ojos ya volviendo,
de su hermosa carne despidiendo

18   Figurado se vía extensamente
el osado marido, que bajaba
al triste reino de la oscura gente
y la mujer perdida recobraba;
y cómo, después desto, él impaciente
por mirarla de nuevo, la tornaba
a perder otra vez, y del tirano
se queja al monte solitario en vano

19   Dinámene no menos artificio
mostraba en la labor que había tejido,
pintando a Apolo en el robusto oficio
de la silvestre caza embebecido
Mudar presto le hace el ejercicio
la vengativa mano de Cupido,

que hizo a Apolo consumirse en lloro
después que le enclavó con punta d'oro

20   Dafne, con el cabello suelto al viento,
sin perdonar al blanco pie corría
por áspero camino tan sin tiento
que Apolo en la pintura parecía
que, porqu'ella templase el movimiento,
con menos ligereza la seguía;
él va siguiendo, y ella huye como
quien siente al pecho el odioso plomo

21   Mas a la fin los brazos le crecían
y en sendos ramos vueltos se mostraban;
y los cabellos, que vencer solían
al oro fino, en hojas se tornaban;
en torcidas raíces s'extendían
los blancos pies y en tierra se hincaban;
llora el amante y busca el ser primero,
besando y abrazando aquel madero

22   Climene, llena de destreza y maña,
el oro y las colores matizando,
iba de hayas una gran montaña,
de robles y de penas variando;
un puerco entre ellas, de braveza extraña,
estaba los colmillos aguzando
contra un mozo no menos animoso,
con su venablo en mano, que hermoso

23   Tras esto, el puerco allí se vía herido
d'aquel mancebo, por su mal valiente,
y el mozo en tierra estaba ya tendido,
abierto el pecho del rabioso diente,

con el cabello d'oro desparcido
barriendo el suelo miserablemente;
las rosas blancas por allí sembradas
tornaban con su sangre coloradas

24   Adonis éste se mostraba qu'era,
según se muestra Venus dolorida,
que viendo la herida abierta y fiera,
sobr'él estaba casi amortecida;
boca con boca coge la postrera
parte del aire que solía dar vida
al cuerpo por quien ella en este suelo
aborrecido tuvo al alto cielo

25   La blanca Nise no tomó a destajo
de los pasados casos la memoria,
y en la labor de su sutil trabajo
no quiso entretejer antigua historia;
antes, mostrando de su claro Tajo
en su labor la celebrada gloria,
la figuró en la parte dond' él baña
la más felice tierra de la España

26   Pintado el caudaloso río se vía,
que en áspera estrecheza reducido,
un monte casi alrededor ceñía,
con ímpetu corriendo y con ruido
querer cercarlo todo parecía
en su volver, mas era afán perdido;
dejábase correr en fin derecho,
contento de lo mucho que había hecho

27   Estaba puesta en la sublime cumbre
del monte, y desde allí por él sembrada,

aquella ilustre y clara pesadumbre
d'antiguos edificios adornada
D'allí con agradable mansedumbre
el Tajo va siguiendo su jornada
y regando los campos y arboledas
con artificio de las altas ruedas

28 En la hermosa tela se veían,
entretejidas, las silvestres diosas
salir de la espesura, y que venían
todas a la ribera presurosas,
en el semblante tristes, y traían
cestillos blancos de purpúreas rosas,
las cuales esparciendo derramaban
sobre una ninfa muerta que lloraban

29 Todas, con el cabello desparcido,
lloraban una ninfa delicada
cuya vida mostraba que había sido
antes de tiempo y casi en flor cortada;
cerca del agua, en un lugar florido,
estaba entre las hierbas degollada
cual queda el blanco cisne cuando pierde
la dulce vida entre la hierba verde

30 Una d'aquellas diosas qu'en belleza
al parecer a todas excedía,
mostrando en el semblante la tristeza
que del funesto y triste caso había,
apartada algún tanto, en la corteza
de un álamo unas letras escribía
como epitafio de la ninfa bella,
que hablaban ansí por parte della:

31   «Elisa soy, en cuyo nombre suena
y se lamenta el monte cavernoso,
testigo del dolor y grave pena
en que por mí se aflige Nemoroso
y llama "¡Elisa!"; ·¡Elisa!" a boca llena
responde el Tajo, y lleva presuroso
al mar de Lusitania el nombre mío,
donde será escuchado, yo lo fío.»

32   En fin, en esta tela artificiosa
toda la historia estaba figurada
que en aquella ribera deleitosa
de Nemoroso fue tan celebrada,
porque de todo aquesto y cada cosa
estaba Nise ya tan informada
que, llorando el pastor, mil veces ella
se enterneció escuchando su querella;

33   y porque aqueste lamentable cuento,
no solo entre las selvas se contase,
mas dentro de las ondas sentimiento
con la noticia desto se mostrase,
quiso que de su tela el argumento
la bella ninfa muerta señalase
y ansí se publicase de uno en uno
por el húmido reino de Neptuno

34   Destas historias tales variadas
eran las telas de las cuatro hermanas,
las cuales con colores matizadas,
claras las luces, de las sombras vanas
mostraban a los ojos relevadas
las cosas y figuras que eran llanas,
tanto que al parecer el cuerpo vano

pudiera ser tomado con la mano

35
      Los rayos ya del Sol se trastornaban,
escondiendo su luz al mundo cara
tras altos montes, y a la Luna daban
lugar para mostrar su blanca cara;
los peces a menudo ya saltaban,
con la cola azotando el agua clara,
cuando las ninfas, la labor dejando,
hacia el agua se fueron paseando

36
      En las templadas ondas ya metidos
tenían los pies, y reclinar querían
los blancos cuerpos cuando sus oídos
fueron de dos zampoñas que tañían
suave y dulcemente detenidos,
tanto que sin mudarse las oían
y al son de las zampoñas escuchaban
dos pastores a veces que cantaban

37
      Más claro cada vez el son se oía
de dos pastores que venían cantando
tras el ganado, que también venía
por aquel verde soto caminando
y a la majada, ya pasado el día,
recogido le llevan, alegrando
las verdes selvas con el son suave,
haciendo su trabajo menos grave

38
      Tirreno destos dos el uno era,
Alcino el otro, entrambos estimados
y sobre cuantos pacen la ribera
del Tajo con sus vacas enseñados;
mancebos de una edad, d'una manera

a cantar juntamente aparejados
y a responder, aquesto van diciendo,
cantando el uno, el otro respondiendo:

39. Tirreno   Flérida, para mí dulce y sabrosa
más que la fruta del cercado ajeno,
más blanca que la leche y más hermosa
qu'el prado por abril de flores lleno:
si tú respondes pura y amorosa
al verdadero amor de tu Tirreno,
a mi majada arribarás primero
qu'el cielo nos amuestre su lucero

40. Alcino   Hermosa Filis, siempre yo te sea
amargo al gusto más que la retama,
y de ti despojado yo me vea
cual queda el tronco de su verde rama,
si más que yo el murciélago desea
la oscuridad, ni más la luz desama,
por ver ya el fin de un término tamaño,
deste día para mí mayor que un año

41. Tirreno   Cual suele, acompañada de su bando,
aparecer la dulce primavera,
cuando Favonio y Céfiro, soplando,
al campo tornan su beldad primera,
y van artificiosos esmaltando
de rojo, azul y blanco la ribera:
en tal manera, a mí Flérida mía
viniendo, reverdece mi alegría

42. Alcino   ¿Ves el furor del animoso viento
embravecido en la fragosa sierra
que los antiguos robles ciento a ciento

                y los pinos altísimos atierra,
                y de tanto destrozo aun no contento,
                al espantoso mar mueve la guerra?
                Pequeña es esta furia comparada
                a la de Filis con Alcino airada

43. Tirreno   El blanco trigo multiplica y crece;
                produce el campo en abundancia tierno
                pasto al ganado; el verde monte ofrece
                a las fieras salvajes su gobierno;
                adoquiera que miro, me parece
                que derrama la copia todo el cuerno:
                mas todo se convertirá en abrojos
                si dello aparta Flérida sus ojos

44. Alcino   De la esterilidad es oprimido
                el monte, el campo, el soto y el ganado;
                la malicia del aire corrompido
                hace morir la hierba mal su grado;
                las aves ven su descubierto nido,
                que ya de verdes hojas fue cercado:
                pero si Filis por aquí tornare,
                hará reverdecer cuanto mirare

45. Tirreno   El álamo de Alcides escogido
                fue siempre, y el laurel del rojo Apolo;
                de la hermosa Venus fue tenido
                en precio y en estima el mirto solo;
                el verde sauz de Flérida es querido
                y por suyo entre todos escogiólo:
                doquiera que sauces de hoy más se hallen,
                el álamo, el laurel y el mirto callen

46. Alcino   El fresno por la selva en hermosura

sabemos ya que sobre todos vaya;
y en aspereza y monte d'espesura
se aventaja la verde y alta haya;
mas el que la beldad de tu figura
dondequiera mirado, Filis, haya,
al fresno y a la haya en su aspereza
confesará que vence tu belleza

47   Esto cantó Tirreno, y esto Alcino
le respondió, y habiendo ya acabado
el dulce son, siguieron su camino
con paso un poco más apresurado;
siendo a las ninfas ya el rumor vecino,
juntas s'arrojan por el agua a nado,
y de la blanca espuma que movieron
las cristalinas ondas se cubrieron

Libros a la carta

A la carta es un servicio especializado para
empresas,
librerías,
bibliotecas,
editoriales
y centros de enseñanza;
y permite confeccionar libros que, por su formato y concepción, sirven a los propósitos más específicos de estas instituciones.
Las empresas nos encargan ediciones personalizadas para marketing editorial o para regalos institucionales. Y los interesados solicitan, a título personal, ediciones antiguas, o no disponibles en el mercado; y las acompañan con notas y comentarios críticos.
Las ediciones tienen como apoyo un libro de estilo con todo tipo de referencias sobre los criterios de tratamiento tipográfico aplicados a nuestros libros que puede ser consultado en Linkgua-ediciones.com.
Linkgua edita por encargo diferentes versiones de una misma obra con distintos tratamientos ortotipográficos (actualizaciones de carácter divulgativo de un clásico, o versiones estrictamente fieles a la edición original de referencia).
Este servicio de ediciones a la carta le permitirá, si usted se dedica a la enseñanza, tener una forma de hacer pública su interpretación de un texto y, sobre una versión digitalizada «base», usted podrá introducir interpretaciones del texto fuente. Es un tópico que los profesores denuncien en clase los desmanes de una edición, o vayan comentando errores de interpretación de un texto y esta es una solución útil a esa necesidad del mundo académico.
Asimismo publicamos de manera sistemática, en un mismo catálogo, tesis doctorales y actas de congresos académicos, que son distribuidas a través de nuestra Web.
El servicio de «libros a la carta» funciona de dos formas.
1. Tenemos un fondo de libros digitalizados que usted puede personalizar en tiradas de al menos cinco ejemplares. Estas personalizaciones pueden ser de todo tipo: añadir notas de clase para uso de un grupo de estudiantes,

introducir logos corporativos para uso con fines de marketing empresarial, etc. etc.

2. Buscamos libros descatalogados de otras editoriales y los reeditamos en tiradas cortas a petición de un cliente.

www.ingramcontent.com/pod-product-compliance
Lightning Source LLC
Chambersburg PA
CBHW031258110426

42743CB00040B/726